Page de Titre

Le Pouvoir d'un État d'Esprit
Vie de l'Intérieur

Par Lucas Martin

Page de Droits d'Auteur

Copyright © 2024 par Lucas Martin. Tous droits réservés.

Aucune partie de cette publication ne peut être reproduite, distribuée ou transmise sous quelque forme ou par quelque moyen que ce soit, y compris la photocopie, l'enregistrement ou d'autres méthodes électroniques ou mécaniques, sans l'autorisation écrite préalable de l'éditeur, sauf dans le cas de courtes citations intégrées dans des critiques et d'autres utilisations non commerciales autorisées par la loi sur le droit d'auteur. Pour les demandes d'autorisation, veuillez contacter l'éditeur ou l'auteur directement.

Ce livre est une œuvre de non-fiction. Bien que tous les efforts aient été déployés pour garantir l'exactitude, l'auteur et l'éditeur n'assument aucune responsabilité pour les erreurs, omissions ou interprétations contraires au sujet traité dans ce livre. Ce livre est destiné à être une ressource et ne constitue pas un conseil professionnel.
Publié par Lucas Martin.

Avant-propos

Bienvenue dans ce voyage transformateur vers le pouvoir d'un état d'esprit positif. Dans un monde en constante évolution, il est essentiel de cultiver une mentalité qui nous permet de surmonter les défis et de saisir les opportunités. Ce livre, « Le Pouvoir d'un État d'Esprit Positif : Transformez Votre Vie de l'Intérieur », est conçu pour vous guider à travers les principes fondamentaux du développement personnel et de la réussite.

Dans les pages qui suivent, vous découvrirez des outils pratiques et des stratégies éprouvées pour améliorer votre vie. Que vous soyez novice en matière de développement personnel ou que vous ayez déjà de l'expérience, ce livre vous fournira l'inspiration et les conseils nécessaires pour avancer sur votre chemin vers une existence épanouissante et pleine de sens.

Je vous invite à aborder chaque chapitre avec un esprit ouvert, prêt à explorer les idées qui peuvent vous aider à devenir la meilleure version de vous-même. Embarquons ensemble dans cette aventure vers la découverte de votre potentiel et l'activation du pouvoir qui réside en vous.

Table des matières

Page de Titre 1
Page de Droits d'Auteur 2
Avant-propos 3
Introduction 7
   •Quel est le Pouvoir d'un État d'Esprit Positif ? 7
   •La Science du Pensée Positive 8
   •Comment Ce Livre Peut Changer Votre Vie 10
Chapitre 1 : Les Fondamentaux de la Pensée Positive 13
   Comment les Pensées Façonnent Notre Réalité 13
   La Différence entre Pensée Positive et Optimisme Aveugle 14
   Exemples Quotidiens de Pensée Positive 16
   Étapes pour Commencer à Changer Votre État d'Esprit Aujourd'hui. 18
Chapitre 2 : Identifier et Transformer les Pensées Négatives 21
   Comprendre la Pensée Négative et son Impact 21
   Techniques pour Reconnaître les Schémas de Pensée Négative 23
   Méthodes pour Passer de la Pensée Négative à la Pensée Positive 25
   Rester Concentré sur des Pensées Positives 26
Chapitre 3 : Construire des Habitudes Positives dans la Vie Quotidienne
.... 30
   L'Importance des Habitudes pour un État d'Esprit Positif 30
   Commencer Chaque Journée avec une Attitude Positive 32
   Exercices de Gratitude Quotidienne 34
   Intégrer la Positivité dans Tous les Domaines de la Vie 35
Chapitre 4 : Renforcer Votre Esprit face aux Défis et aux Échecs 39
   Recontextualiser l'Échec comme une Opportunité d'Apprentissage ... 39
   Techniques pour Rester Calme en Périodes Difficiles 41
   Apprendre de ses Erreurs et Aller de l'Avant 43
   Le Rôle de la Résilience dans la Pensée Positive 44
Chapitre 5 : La Science de la Visualisation Positive 47
   Comprendre la Visualisation et son Impact sur l'Esprit 47

 Techniques pour Visualiser des Objectifs Clairs 49

 Exercices de Visualisation pour Attirer le Succès 51

 Intégrer la Visualisation dans la Vie Quotidienne 53

Chapitre 6 : Pratiquer le Pardon et Lâcher Prise 56

 Pourquoi le Pardon est Essentiel pour la Paix Intérieure 56

 Techniques pour Se Pardonner et Pardonner aux Autres 57

 Lâcher Prise sur le Ressentiment et Aller de l'Avant 59

 Les Bénéfices Émotionnels du Pardon et de la Libération 61

Chapitre 7 : Construire une Image de Soi Positive 64

 Le Lien entre l'Image de Soi et le Succès Personnel.......................... 64

 Techniques pour Renforcer l'Estime de Soi et la Confiance............... 65

 Surmonter l'Auto-Critique et les Pensées Limitantes 67

 L'Importance d'Être son Propre Meilleur Ami.................................. 69

Chapitre 8 : Naviguer dans les Relations avec un État d'Esprit Positif ... 72

 L'Impact de la Pensée Positive sur les Relations 72

 Favoriser une Communication Empathique et Constructive............ 73

 Identifier et Éviter les Relations Toxiques.. 75

 Créer des Connexions Profondes et Significatives 77

Chapitre 9 : Outils pour Maintenir une Positivité à Long Terme 80

 Stratégies pour les Jours Difficiles 80

 Créer un Environnement de Soutien pour la Croissance.................. 82

 Éviter l'Épuisement Émotionnel et Mental...................................... 84

 Le Pouvoir de la Cohérence dans la Pensée Positive......................... 86

Chapitre 10 : Envisager une Vie Pleine de Positivité 89

 Définir Votre Vision d'une Vie Positive 89

 Fixer des Objectifs qui Correspondent à Vos Valeurs 90

 Célébrer les Petites Victoires en Cours de Route 92

 Votre Voyage pour Transformer Votre Vie de l'Intérieur 94

Conclusion.. 97

 Résumé des Étapes pour une Vie Plus Positive 97

 Invitation à la Pratique Continue et à la Croissance........................ 99

Réflexions Finales pour le Lecteur 101
Remarques de Clôture 103
- •Remerciements 103
- •Auto-Évaluation et Pratiques Supplémentaires 105
- •À Propos de l'Auteur 106
- •Invitation aux Retours 107

Introduction

•Quel est le Pouvoir d'un État d'Esprit Positif ?

L'état d'esprit positif est bien plus qu'un simple optimisme aveugle ; c'est une approche consciente de la vie qui influence profondément nos pensées, nos émotions et nos actions. Dans un monde souvent rempli de défis et d'incertitudes, cultiver un état d'esprit positif peut nous permettre de naviguer à travers les tempêtes de la vie avec une plus grande sérénité et résilience. Mais qu'est-ce qui rend cet état d'esprit si puissant ?

Tout d'abord, l'état d'esprit positif influence notre perception de la réalité. Nos pensées façonnent notre expérience du monde. Lorsque nous adoptons une attitude positive, nous avons tendance à voir les opportunités là où d'autres voient des obstacles. Ce changement de perspective peut transformer des situations apparemment négatives en occasions d'apprentissage et de croissance. Par exemple, une personne confrontée à un échec peut choisir de le voir comme une fin ou comme une étape sur le chemin du succès. En choisissant la seconde option, elle permet à cet échec de devenir une expérience formatrice, renforçant ainsi sa détermination à avancer.

De plus, des études scientifiques ont démontré que l'état d'esprit positif a des effets bénéfiques sur notre santé physique et mentale. Les personnes qui entretiennent une attitude positive sont moins susceptibles de souffrir de stress, d'anxiété ou de dépression. Leurs systèmes immunitaires sont souvent plus forts, ce qui les rend moins vulnérables aux maladies. Cela s'explique en partie par le fait que la pensée positive peut réduire la production de cortisol, l'hormone du stress, et favoriser la libération d'endorphines, les hormones du bonheur. Ainsi, cultiver un état d'esprit positif ne bénéficie pas seulement à notre esprit, mais également à notre corps.

L'impact de l'état d'esprit positif s'étend également à nos relations interpersonnelles. Lorsque nous abordons nos interactions avec une attitude ouverte et optimiste, nous sommes plus enclins à établir des connexions profondes et significatives avec les autres. La positivité attire les gens ; une personne joyeuse et enthousiaste a tendance à inspirer les autres et à créer un environnement où la communication et le soutien mutuel peuvent s'épanouir. En revanche, un état d'esprit négatif peut engendrer des tensions, des conflits et un isolement. En choisissant de cultiver la positivité dans nos relations, nous renforçons nos liens et favorisons un climat de confiance et de respect.

Un autre aspect important de l'état d'esprit positif est sa capacité à promouvoir la résilience. La vie est faite d'épreuves, et nous rencontrons tous des moments difficiles. Les personnes avec un état d'esprit positif sont mieux équipées pour faire face à ces défis. Elles ont tendance à se concentrer sur ce qu'elles peuvent contrôler et à chercher des solutions plutôt que de se laisser submerger par le désespoir. Cette capacité à rebondir et à s'adapter aux situations adverses est essentielle pour naviguer dans les aléas de la vie. En adoptant une approche positive, nous cultivons notre force intérieure et notre confiance en nos capacités.

Il est également essentiel de noter que l'état d'esprit positif n'implique pas de minimiser ou d'ignorer les émotions négatives. Au contraire, il s'agit de reconnaître et d'accepter nos sentiments tout en choisissant de ne pas leur laisser le contrôle sur notre vie. En permettant à la tristesse, à la colère ou à la frustration d'exister sans jugement, nous pouvons ensuite les transformer en outils de croissance personnelle. Cette intégration des émotions négatives dans notre expérience globale enrichit notre compréhension de nous-mêmes et nous aide à évoluer.

Alors, comment pouvons-nous développer cet état d'esprit positif dans notre vie quotidienne ? Cela commence par la pratique de la gratitude. Prendre le temps de reconnaître les aspects positifs de notre vie, même les plus petits, peut transformer notre perception. Tenir un journal de gratitude, par exemple, peut nous aider à nous concentrer sur les moments de joie et de satisfaction, renforçant ainsi notre résilience face aux défis.

La méditation et la pleine conscience sont également des pratiques puissantes pour cultiver la positivité. En nous entraînant à être présents dans l'instant et à observer nos pensées sans jugement, nous apprenons à nous libérer des schémas de pensée négatifs. Ces techniques nous permettent de créer un espace mental où la positivité peut s'épanouir.

Enfin, s'entourer de personnes positives peut grandement influencer notre propre état d'esprit. Passer du temps avec des personnes qui nous inspirent et nous motivent nous aide à nourrir notre propre optimisme. L'énergie positive est contagieuse, et en nous entourant de personnes qui partagent nos valeurs, nous renforçons notre engagement à vivre une vie pleine de positivité.

En conclusion, le pouvoir d'un état d'esprit positif réside dans sa capacité à transformer notre perception, à améliorer notre bien-être physique et mental, à enrichir nos relations et à renforcer notre résilience. En adoptant une approche consciente de la vie, nous pouvons naviguer avec confiance à travers les défis et célébrer les petites victoires. Ce livre vous accompagnera dans ce voyage vers une vie plus épanouissante et significative, en vous fournissant les outils nécessaires pour libérer le potentiel qui sommeille en vous.

•La Science du Pensée Positive

La pensée positive n'est pas simplement un slogan ou un mantra à répéter, mais plutôt une approche scientifique qui a des implications profondes sur notre bien-être mental et physique. Au cœur de la science de la pensée positive se trouve l'idée que nos pensées influencent notre comportement, notre perception de la réalité et, finalement, notre qualité de vie. Cette section explore les bases scientifiques de la pensée positive, les mécanismes par lesquels elle agit, et les recherches qui soutiennent son efficacité.

Tout d'abord, il est essentiel de comprendre que la pensée positive repose sur des principes psychologiques fondamentaux. La psychologie positive, un domaine de la psychologie qui étudie les facteurs qui contribuent au bien-être, suggère que les individus qui adoptent une attitude positive sont généralement plus résilients face aux stress et aux défis de la vie. Les études montrent que les personnes ayant un état d'esprit positif ont tendance à avoir une meilleure santé physique, à vivre plus longtemps et à éprouver moins de symptômes de dépression.

L'un des mécanismes clés par lesquels la pensée positive exerce son influence est la réduction du stress. Lorsque nous adoptons une vision optimiste, notre corps réagit en diminuant la production de cortisol, l'hormone du stress. Des niveaux de cortisol réduits sont associés à une meilleure santé, une fonction immunitaire renforcée et une capacité accrue à faire face aux défis. En revanche, les pensées négatives peuvent entraîner une augmentation de la tension artérielle, une réduction de la capacité de récupération et un risque accru de maladies chroniques.

La science a également établi un lien entre la pensée positive et les comportements proactifs. Les personnes qui croient en leur capacité à influencer leur vie sont plus susceptibles de prendre des mesures pour atteindre leurs objectifs. Cette attitude proactive peut inclure la recherche d'opportunités, la mise en place de stratégies d'adaptation et le maintien d'un réseau de soutien social solide. De nombreuses études montrent que ceux qui s'engagent dans des comportements positifs, tels que l'exercice physique, la méditation ou la pratique de la gratitude, sont souvent plus heureux et satisfaits de leur vie.

Un autre aspect fascinant de la science de la pensée positive est son impact sur les relations interpersonnelles. Les personnes optimistes sont souvent perçues comme plus attractives et charismatiques, ce qui facilite la création et le maintien de relations positives. La recherche indique que la pensée positive favorise la communication empathique et constructive, réduisant ainsi les conflits et améliorant la qualité des interactions. Ce type de communication ouverte est essentiel pour établir des liens profonds et significatifs avec les autres.

La neuroscience offre également des perspectives intéressantes sur la pensée positive. Les recherches en neuroplasticité montrent que notre cerveau est capable de se réorganiser et de créer de nouvelles connexions en réponse à nos expériences et à nos pensées. En cultivant une pensée positive, nous pouvons littéralement reconfigurer notre cerveau pour privilégier des voies neuronales qui favorisent le bonheur et la résilience. Cela signifie que la pensée positive n'est pas seulement une attitude passagère, mais une pratique qui peut transformer notre cerveau et notre comportement à long terme.

Les études en psychologie expérimentale ont aussi révélé que des techniques spécifiques, comme la visualisation positive et l'affirmation, peuvent renforcer notre état d'esprit positif. La visualisation positive implique d'imaginer des scénarios réussis et de ressentir les émotions associées à ces réussites, tandis que les affirmations consistent à répéter des phrases positives qui renforcent la confiance en soi et la motivation. Ces techniques sont particulièrement efficaces pour préparer le terrain à des résultats positifs, en renforçant notre croyance en notre capacité à réussir.

Cependant, il est crucial de noter que la pensée positive ne doit pas être confondue avec l'ignorance des réalités difficiles. Une approche équilibrée consiste à reconnaître les défis tout en maintenant une attitude optimiste face à ces situations. Ce n'est pas une question de déni, mais plutôt de choix conscient d'orienter notre attention vers des solutions et des opportunités, même lorsque les circonstances sont difficiles. Les personnes qui parviennent à intégrer cette approche dans leur vie développent une résilience qui les aide à surmonter les obstacles et à en sortir plus fortes.

En somme, la science du pensée positive révèle que notre état d'esprit a un impact puissant sur notre vie. En cultivant des pensées positives, nous pouvons améliorer notre bien-être, renforcer nos relations et accroître notre résilience face aux défis. Cette section n'est qu'un aperçu des mécanismes qui sous-tendent cette réalité fascinante. En poursuivant votre lecture, vous découvrirez des outils pratiques et des stratégies pour intégrer la pensée positive dans votre vie quotidienne, ouvrant ainsi la voie à une existence plus épanouissante et joyeuse.

En conclusion, adopter une attitude positive n'est pas seulement bénéfique pour soi-même, mais cela a aussi un impact sur notre entourage. En nous engageant dans cette voie, nous contribuons à créer un environnement positif qui encourage les autres à faire de même. C'est un cercle vertueux qui peut transformer non seulement nos vies, mais aussi celles des personnes qui nous entourent.

•Comment Ce Livre Peut Changer Votre Vie

Dans un monde où le rythme effréné de la vie quotidienne peut parfois nous submerger, il est essentiel de trouver des moyens d'atteindre un équilibre intérieur et de se reconnecter avec soi-même. Ce livre, *Le Pouvoir d'un État d'Esprit Positif*, est conçu comme un guide pratique pour vous aider à transformer votre vie de l'intérieur. Mais comment peut-il véritablement influencer votre existence ? Les réponses résident dans les principes que nous allons explorer ensemble.

Tout d'abord, ce livre vous offre une compréhension approfondie des concepts fondamentaux de la pensée positive. Vous apprendrez non seulement ce qu'est un état d'esprit positif, mais aussi comment il se manifeste dans votre quotidien. Loin d'être une simple théorie, la pensée positive est ancrée dans des recherches scientifiques et des études psychologiques qui démontrent son efficacité. En prenant conscience des impacts que vos pensées ont sur vos émotions et vos actions, vous serez en mesure de changer votre perspective et d'adopter une approche plus constructive face aux défis de la vie.

L'un des principaux avantages de ce livre est sa structure claire et accessible. Chaque chapitre aborde des thèmes spécifiques liés à la croissance personnelle, vous guidant pas à pas vers une meilleure compréhension de vous-même et des autres. Vous découvrirez des outils pratiques, des techniques et des exercices qui vous permettront d'appliquer immédiatement les concepts abordés. Ce n'est pas seulement une lecture, mais une invitation à l'action. En vous engageant activement dans ce processus, vous aurez l'opportunité de voir des changements concrets dans votre vie.

Une des transformations les plus significatives que ce livre peut vous apporter est l'amélioration de votre bien-être mental et émotionnel. En intégrant des pratiques telles que la gratitude, la méditation et la visualisation positive dans votre routine quotidienne, vous pourrez réduire le stress, augmenter votre résilience et cultiver une attitude de joie et d'optimisme. Ces pratiques vous aideront à gérer les moments difficiles avec plus de sérénité, en vous permettant de rebondir plus rapidement après des épreuves.

Par ailleurs, ce livre vous encourage à développer des habitudes positives qui transformeront non seulement votre état d'esprit, mais également votre environnement. Vous apprendrez comment créer un cadre propice à votre épanouissement, que ce soit en améliorant vos relations interpersonnelles ou en établissant des objectifs clairs qui résonnent avec vos valeurs personnelles. En renforçant ces aspects de votre vie, vous vous sentirez plus aligné et en harmonie avec vous-même, ce qui est essentiel pour un bonheur durable.

Les relations que vous entretenez jouent un rôle crucial dans votre état d'esprit et votre satisfaction personnelle. Ce livre vous fournira des stratégies pour naviguer dans vos interactions avec une attitude positive, favorisant la communication constructive et l'empathie. Vous découvrirez comment identifier les relations toxiques et cultiver des connexions profondes et significatives. En vous entourant de personnes qui soutiennent votre croissance, vous renforcez votre propre engagement à mener une vie positive.

Un autre élément essentiel que ce livre aborde est la résilience. La vie est pleine d'imprévus, et il est inévitable de rencontrer des obstacles sur votre chemin. Cependant, en développant un état d'esprit positif, vous vous préparez à affronter ces défis avec courage et détermination. Vous apprendrez à recontextualiser les échecs en opportunités d'apprentissage, à cultiver la patience et à vous relever plus fort après chaque revers. Cette résilience est un atout précieux qui vous accompagnera tout au long de votre vie.

En plus des bénéfices personnels, ce livre souligne l'importance de contribuer positivement à votre communauté et à votre environnement. En adoptant une attitude positive, vous influencez non seulement votre propre vie, mais également celle des personnes qui vous entourent. Les principes que vous appliquez dans votre quotidien peuvent inspirer les autres à faire de même, créant ainsi un effet d'entraînement bénéfique. En devenant un vecteur de positivité, vous pouvez participer à un changement collectif qui élève non seulement votre existence, mais aussi celle de votre entourage.

Enfin, ce livre vous invite à embrasser votre potentiel. Chaque chapitre vous encourage à explorer vos passions, à établir des objectifs significatifs et à vous engager sur le chemin de l'auto-découverte. Vous apprendrez à reconnaître vos forces et à surmonter vos faiblesses, tout en développant une vision claire de la vie que vous souhaitez mener. En prenant des mesures concrètes pour réaliser vos rêves, vous deviendrez l'architecte de votre propre destin.

En somme, *Le Pouvoir d'un État d'Esprit Positif* est plus qu'un simple livre ; c'est un véritable compagnon de voyage sur le chemin de la transformation personnelle. Il vous offre des outils, des stratégies et des perspectives qui peuvent changer la façon dont vous percevez la vie et comment vous interagissez avec le monde. En vous engageant pleinement dans ce processus, vous avez la possibilité de transformer votre vie, de découvrir un nouvel équilibre intérieur et de vivre une existence plus riche et plus épanouissante.

Embarquez dans cette aventure avec un esprit ouvert et prêt à accueillir le changement. Chaque page tournée vous rapproche un peu plus de la vie que vous désirez ardemment, et chaque étape vous rapproche de la meilleure version de vous-même. C'est le moment de libérer votre potentiel et de commencer à écrire votre propre histoire de réussite.

Chapitre 1 : Les Fondamentaux de la Pensée Positive

Comment les Pensées Façonnent Notre Réalité

Nos pensées ont un pouvoir immense sur notre perception de la réalité et sur la manière dont nous vivons notre vie au quotidien. Chaque jour, nous sommes confrontés à une multitude de stimuli et d'événements, mais la façon dont nous les interprétons dépend largement de notre état d'esprit. En effet, les pensées positives peuvent agir comme des catalyseurs de changement, nous aidant à transformer notre vie de manière significative.

Tout d'abord, il est essentiel de comprendre que nos pensées influencent nos émotions. Lorsque nous entretenons des pensées positives, nous ressentons des émotions agréables, telles que la joie, l'espoir et la motivation. À l'inverse, des pensées négatives peuvent générer de la tristesse, de l'anxiété et du découragement. Par exemple, imaginez que vous vous préparez pour un entretien d'embauche. Si vous vous concentrez sur vos capacités et que vous vous imaginez réussir, vous serez plus enclin à aborder cet entretien avec confiance. Cette confiance influencera non seulement votre performance, mais aussi la façon dont les autres vous perçoivent. En créant une image mentale positive, vous façonnez votre réalité de manière proactive.

Les recherches en psychologie ont démontré que nos croyances et nos pensées peuvent même influencer notre santé physique. Des études ont révélé que les personnes qui adoptent une attitude optimiste face à la maladie guérissent souvent plus rapidement que celles qui voient leur situation sous un angle négatif. La pensée positive peut renforcer le système immunitaire, favoriser la guérison et même prolonger la durée de vie. Cela souligne l'importance d'adopter une approche positive envers notre santé et notre bien-être.

En outre, la manière dont nous pensons peut également avoir un impact profond sur nos relations interpersonnelles. Les personnes qui cultivent des pensées positives sont souvent plus attirantes et accessibles. Elles inspirent confiance et encouragent les autres à s'ouvrir à elles. Par conséquent, en adoptant une perspective positive, vous créez un environnement où les relations peuvent prospérer. Vous êtes plus enclin à exprimer de la gratitude et à reconnaître les qualités positives des autres, ce qui renforce les liens et favorise des interactions saines.

Il est également important de mentionner que nos pensées façonnent nos actions. Une attitude positive nous incite à prendre des initiatives et à poursuivre nos objectifs avec détermination. Lorsqu'on croit en notre capacité à réussir, on est plus enclin à prendre des risques calculés, à sortir de notre zone de confort et à saisir des opportunités. En revanche, des pensées négatives peuvent nous paralyser et nous empêcher d'agir. En cultivant une mentalité positive, nous créons un cercle vertueux qui nous pousse à agir, à innover et à réaliser nos rêves.

Un autre aspect fascinant de la façon dont les pensées façonnent notre réalité réside dans le concept de la loi de l'attraction. Ce principe stipule que ce sur quoi nous concentrons notre attention attire des expériences similaires dans notre vie. En d'autres termes, si nous nous concentrons sur des pensées positives et des objectifs constructifs, nous sommes plus susceptibles d'attirer des résultats favorables. Cela ne signifie pas que tout se produira simplement par le pouvoir de la pensée, mais que notre mentalité positive peut ouvrir des portes et créer des opportunités.

Dans notre quête pour comprendre comment les pensées façonnent notre réalité, il est également essentiel d'explorer le rôle de la pleine conscience. La pleine conscience nous permet d'observer nos pensées sans jugement, ce qui nous aide à identifier les schémas de pensée négatifs qui pourraient influencer notre perception. En devenant conscients de ces pensées, nous pouvons choisir de les reprogrammer. La pratique de la pleine conscience nous enseigne à vivre dans le moment présent et à accueillir nos émotions sans les laisser nous contrôler.

Pour tirer parti du pouvoir de la pensée positive, il est utile d'adopter certaines stratégies pratiques. Par exemple, tenir un journal de gratitude peut nous aider à nous concentrer sur les aspects positifs de notre vie. Écrire chaque jour trois choses pour lesquelles nous sommes reconnaissants peut transformer notre perspective et renforcer notre état d'esprit positif. De même, pratiquer des affirmations positives peut renforcer notre confiance en nous et notre motivation.

En conclusion, nos pensées ont un impact profond sur la façon dont nous percevons et interagissons avec le monde qui nous entoure. En cultivant des pensées positives, nous pouvons transformer notre réalité, améliorer notre bien-être mental et physique, renforcer nos relations et favoriser un comportement proactif. Ce livre vous accompagnera dans cette démarche, en vous fournissant des outils et des techniques pour façonner votre esprit et créer la vie que vous désirez. Il est temps de prendre conscience du pouvoir de vos pensées et de les utiliser comme un levier pour transformer votre existence.

La Différence entre Pensée Positive et Optimisme Aveugle

Dans le monde du développement personnel, deux concepts souvent confondus sont la pensée positive et l'optimisme aveugle. Bien qu'ils partagent des similitudes, ils diffèrent fondamentalement dans leur approche et leur impact sur notre vie. Comprendre ces différences est essentiel pour adopter une attitude véritablement positive qui favorise la croissance personnelle et le bien-être.

La pensée positive repose sur la conviction que nos pensées influencent notre réalité. Elle ne se limite pas à un simple désir de voir le bon côté des choses, mais implique une conscience active de nos pensées et une volonté de les orienter vers des perspectives constructives. Adopter une pensée positive signifie reconnaître les défis tout en choisissant de se concentrer sur les solutions. Cela inclut également l'acceptation de ses émotions, même celles considérées comme négatives, et leur utilisation comme leviers pour apprendre et grandir.

À l'inverse, l'optimisme aveugle se caractérise par une vision irréaliste et naïve de la réalité. Il s'agit d'une forme de déni qui refuse d'accepter les difficultés et les échecs. Les personnes qui adoptent une attitude d'optimisme aveugle peuvent ignorer les signes d'alerte ou les avertissements, croyant à tort que tout ira bien sans prendre de mesures appropriées. Ce type d'optimisme peut être dangereux, car il peut mener à des décisions malavisées et à des échecs inévitables.

L'un des principaux problèmes de l'optimisme aveugle est qu'il empêche les individus de faire face à la réalité. En évitant d'aborder les problèmes, on risque de rester bloqué dans des situations difficiles. Par exemple, quelqu'un qui espère sans réfléchir que tout ira bien dans une situation professionnelle peut ignorer des signaux d'alerte comme des critiques constructives ou des échecs passés. Ce déni peut entraîner des conséquences graves, tant sur le plan personnel que professionnel.

La pensée positive, en revanche, encourage une approche équilibrée. Elle nous invite à reconnaître les défis tout en maintenant une attitude proactive. Par exemple, une personne confrontée à un échec professionnel peut choisir de l'analyser, d'en tirer des leçons et de s'engager à améliorer ses compétences pour l'avenir. Cette capacité à faire face à la réalité et à agir de manière constructive est ce qui distingue la pensée positive de l'optimisme aveugle.

Un autre aspect fondamental de la pensée positive est son ancrage dans la responsabilité personnelle. Les individus qui adoptent cette attitude comprennent qu'ils ont le pouvoir de façonner leur réalité par leurs actions et leurs choix. Ils ne blâment pas les circonstances extérieures pour leurs problèmes, mais cherchent plutôt à prendre des mesures pour créer des changements positifs dans leur vie. Ce sens de la responsabilité favorise un sentiment de contrôle et d'autonomie, ce qui est essentiel pour un bien-être durable.

L'optimisme aveugle, en revanche, peut mener à une forme de passivité. Les personnes qui s'appuient uniquement sur une croyance que tout ira bien, sans agir pour influencer les résultats, peuvent se retrouver à attendre des changements qui ne viendront jamais. Cette attitude peut créer une illusion de sécurité, mais elle ne conduit pas à une véritable croissance personnelle. Au lieu de cela, elle peut engendrer une stagnation, car les individus ne prennent pas les mesures nécessaires pour évoluer.

Il est également important de mentionner que la pensée positive ne signifie pas ignorer les émotions négatives. Au contraire, elle implique d'accepter et de reconnaître ces émotions tout en choisissant de ne pas leur permettre de prendre le dessus. La pensée positive nous apprend à gérer nos émotions de manière saine, à les utiliser comme des outils de croissance, et à rester résilients face aux défis. En intégrant nos émotions dans notre parcours, nous devenons plus authentiques et mieux préparés à surmonter les obstacles.

Pour illustrer cette différence, prenons l'exemple d'une personne confrontée à un problème de santé. Une attitude positive lui permettrait de rechercher des solutions, d'explorer des traitements alternatifs, et de s'entourer d'un réseau de soutien. En revanche, une approche d'optimisme aveugle pourrait amener cette personne à ignorer les conseils médicaux, à éviter de prendre des mesures préventives, et à se retrouver dans une situation plus difficile par manque d'action.

En conclusion, la pensée positive et l'optimisme aveugle sont deux approches distinctes qui ont des implications différentes sur notre vie. Tandis que la pensée positive nous encourage à faire face à la réalité avec courage, à apprendre de nos expériences et à prendre des mesures proactives, l'optimisme aveugle peut nous piéger dans un déni qui nous empêche de grandir. En adoptant une pensée positive, nous cultivons notre résilience, notre autonomie, et notre capacité à façonner notre avenir. C'est cette mentalité qui nous permet non seulement de surmonter les défis, mais aussi de vivre une vie plus épanouissante et pleine de sens.

En vous engageant sur ce chemin, vous serez en mesure de transformer votre perspective et d'ouvrir la voie à une vie riche en opportunités et en succès.

Exemples Quotidiens de Pensée Positive

La pensée positive ne se limite pas à un concept abstrait ; elle se manifeste dans nos actions et nos choix quotidiens. Chaque jour, nous avons l'opportunité d'appliquer des principes de pensée positive dans notre vie, et les exemples suivants illustrent comment cette attitude peut transformer notre quotidien et notre perspective.

Imaginons un matin ordinaire. Au lieu de se laisser submerger par la fatigue ou l'anxiété à l'idée des tâches qui vous attendent, une personne avec une pensée positive commence sa journée en se concentrant sur le potentiel de la nouvelle journée. En prenant quelques instants pour respirer profondément et réfléchir à trois choses pour lesquelles elle est reconnaissante, elle crée une base mentale positive qui influencera son humeur tout au long de la journée. Ce simple exercice de gratitude peut avoir un impact profond sur sa perception, lui permettant de voir les défis comme des opportunités d'apprentissage.

Un autre exemple se trouve dans le milieu professionnel. Imaginons un employé qui reçoit des retours négatifs sur un projet. Plutôt que de se décourager ou de s'auto-critiquer, il choisit d'aborder la situation avec une mentalité positive. Il prend le temps d'analyser les retours reçus, en identifiant les points à améliorer et en considérant cette expérience comme une occasion de se développer professionnellement. Ce changement de perspective lui permet non seulement de s'améliorer, mais aussi d'inspirer ses collègues à adopter une approche similaire face aux critiques.

Dans les interactions sociales, la pensée positive peut également jouer un rôle clé. Considérons une situation où un ami traverse une période difficile. Au lieu de simplement lui dire que tout ira bien, une personne qui pratique la pensée positive choisit de l'écouter attentivement et de lui offrir des mots d'encouragement. Elle pourrait dire : "Je sais que ce moment est difficile, mais je crois en ta force et en ta capacité à surmonter cela." Ce soutien émotionnel renforce les liens d'amitié et montre à l'autre qu'il n'est pas seul dans ses épreuves.

Dans le cadre de la parentalité, les parents peuvent également intégrer la pensée positive dans leur éducation. Par exemple, au lieu de se concentrer uniquement sur les erreurs de leurs enfants, ils choisissent de célébrer leurs succès, même les plus petits. Dire à un enfant : "Je suis fier de toi pour avoir essayé, même si ce n'est pas parfait" encourage une mentalité de croissance et montre à l'enfant que l'effort est valorisé. Cela aide à construire la confiance en soi et à développer une attitude positive envers l'apprentissage.

La pensée positive peut également se manifester dans notre relation avec nous-mêmes. Au lieu de se critiquer sévèrement pour une erreur, une personne avec une mentalité positive choisit de se traiter avec bienveillance. Elle pourrait se dire : "J'ai appris de cette expérience, et c'est cela qui compte." En remplaçant les pensées négatives par des affirmations encourageantes, elle renforce son estime de soi et crée un environnement mental propice à la croissance personnelle.

Dans le cadre de l'activité physique, la pensée positive peut transformer notre approche de l'exercice. Plutôt que de voir l'entraînement comme une corvée, une personne peut choisir de se concentrer sur les bienfaits qu'elle en retire. Elle se rappelle que chaque séance de sport est une victoire sur elle-même, une occasion de se sentir énergique et en bonne santé. En adoptant cette attitude, elle est plus susceptible de persévérer dans ses efforts et de maintenir un mode de vie actif.

Enfin, la pensée positive peut également influencer notre façon de gérer le stress. Prenons l'exemple d'une personne confrontée à une situation stressante, comme un examen ou une présentation. Plutôt que de céder à l'anxiété, elle peut utiliser des techniques de respiration profonde et se répéter des affirmations positives telles que : "Je suis préparé et capable de réussir." En se concentrant sur le présent et en se rappelant ses capacités, elle diminue son stress et améliore ses performances.

En conclusion, les exemples quotidiens de pensée positive montrent comment cette approche peut enrichir notre vie. En intégrant des pratiques de pensée positive dans nos routines, nous avons le pouvoir de transformer notre perception des événements, d'améliorer nos relations et de renforcer notre résilience. Ce livre vous aidera à explorer ces exemples et à trouver des moyens d'appliquer la pensée positive dans tous les aspects de votre vie. C'est en cultivant cet état d'esprit que vous pourrez véritablement transformer votre existence et découvrir le potentiel qui sommeille en vous.

Étapes pour Commencer à Changer Votre État d'Esprit Aujourd'hui

Changer son état d'esprit n'est pas seulement un processus souhaitable, c'est également une nécessité pour ceux qui aspirent à une vie plus épanouissante et pleine de sens. La bonne nouvelle, c'est qu'il est possible d'initier ce changement dès aujourd'hui. Dans cette section, nous allons explorer des étapes pratiques et accessibles que vous pouvez mettre en œuvre immédiatement pour transformer votre mentalité et améliorer votre qualité de vie.

La première étape vers le changement de votre état d'esprit consiste à prendre conscience de vos pensées. Il est essentiel de comprendre que nous avons souvent des schémas de pensée automatiques qui peuvent être négatifs ou limitants. Prenez un moment pour observer vos pensées tout au long de la journée. Quand vous vous sentez anxieux, triste ou frustré, demandez-vous ce qui traverse votre esprit. Écrire vos pensées dans un journal peut vous aider à les clarifier et à identifier les schémas qui nécessitent une attention particulière. Cette prise de conscience est le premier pas vers un changement positif.

Une fois que vous avez identifié vos pensées, la prochaine étape est de les remettre en question. Demandez-vous si ces pensées sont vraiment fondées ou si elles sont le fruit d'une perception déformée. Par exemple, si vous pensez "Je ne réussirai jamais", essayez de reformuler cette pensée en quelque chose de plus constructif, comme "Je vais donner le meilleur de moi-même et apprendre de cette expérience". Cette technique, connue sous le nom de restructuration cognitive, vous aide à remplacer les pensées négatives par des affirmations positives qui soutiennent votre croissance.

La gratitude est une autre pratique puissante qui peut transformer votre état d'esprit. Chaque jour, prenez le temps de réfléchir aux choses pour lesquelles vous êtes reconnaissant. Cela peut être quelque chose d'aussi simple que le sourire d'un ami, une belle journée ou une tasse de café chaud. Tenir un journal de gratitude où vous notez trois à cinq choses positives chaque jour peut considérablement améliorer votre humeur et votre perspective. En vous concentrant sur ce qui va bien dans votre vie, vous créez un espace mental où la positivité peut prospérer.

Pratiquer la pleine conscience est également une étape clé pour changer votre état d'esprit. La pleine conscience consiste à vivre dans le moment présent et à accepter les pensées et les sentiments sans jugement. Des exercices de méditation guidée, de respiration consciente ou même de marche en pleine conscience peuvent vous aider à développer cette compétence. En prenant conscience de vos émotions et en les accueillant sans résistance, vous devenez plus capable de gérer le stress et de réagir de manière réfléchie aux défis.

Une autre étape importante consiste à établir des objectifs clairs et réalistes. Prenez le temps de réfléchir à ce que vous souhaitez vraiment réaliser dans votre vie. Ces objectifs doivent être spécifiques, mesurables, atteignables, pertinents et temporels (SMART). Une fois que vous avez défini vos objectifs, décomposez-les en petites étapes que vous pouvez accomplir quotidiennement. Chaque petite victoire vous rapprochera de vos aspirations et renforcera votre état d'esprit positif.

Il est également essentiel de s'entourer de personnes qui partagent vos valeurs et votre vision. Les relations que nous entretenons ont un impact significatif sur notre état d'esprit. Entourez-vous de personnes positives, motivées et bienveillantes qui vous encouragent et vous inspirent. Partager vos objectifs avec votre entourage peut également renforcer votre engagement à les atteindre. De plus, n'hésitez pas à chercher des mentors ou des modèles qui ont réussi dans les domaines que vous visez.

L'engagement envers l'apprentissage continu est une autre stratégie efficace. La lecture de livres sur le développement personnel, la participation à des ateliers ou des séminaires, ou même l'écoute de podcasts inspirants peut élargir votre perspective et vous fournir des outils supplémentaires pour changer votre état d'esprit. L'apprentissage nourrit la curiosité et ouvre des portes, permettant d'adopter une mentalité de croissance.

En outre, il est crucial de pratiquer l'autocompassion. Souvent, nous sommes notre propre critique le plus sévère. Apprenez à vous traiter avec la même gentillesse et la même compréhension que vous offririez à un ami dans une situation similaire. Reconnaissez que tout le monde fait des erreurs et que l'échec fait partie intégrante du processus d'apprentissage. En cultivant l'autocompassion, vous réduirez le stress et la pression que vous vous imposez, ce qui favorisera un état d'esprit plus positif.

Enfin, il est essentiel de célébrer vos réussites, même les plus petites. Chaque étape que vous franchissez mérite d'être reconnue et célébrée. Que ce soit par un moment de réflexion personnelle, un petit cadeau pour vous-même ou le partage de votre succès avec des amis, ces célébrations renforcent votre motivation et vous rappellent que le changement est possible.

En résumé, changer votre état d'esprit aujourd'hui est à la fois réalisable et enrichissant. En prenant conscience de vos pensées, en pratiquant la gratitude, en vous engageant dans des relations positives, en établissant des objectifs clairs, et en cultivant l'apprentissage continu et l'autocompassion, vous pouvez commencer à transformer votre vie. Chaque petite étape que vous prenez vous rapproche d'un état d'esprit positif, et vous permet d'expérimenter une existence plus épanouissante.

N'oubliez pas que le voyage vers le changement commence par un premier pas, et que chaque jour est une nouvelle occasion de choisir la positivité.

Chapitre 2 : Identifier et Transformer les Pensées Négatives

Comprendre la Pensée Négative et son Impact

La pensée négative est une expérience universelle qui touche chacun d'entre nous à différents moments de notre vie. Il est important de comprendre ce phénomène, non seulement pour mieux le gérer, mais aussi pour pouvoir le transformer en un levier de croissance personnelle. La manière dont nous percevons et interprétons nos pensées a un impact direct sur notre bien-être émotionnel, notre comportement et nos relations avec les autres.

La pensée négative se manifeste souvent sous la forme de croyances limitantes ou d'auto-critique sévère. Ces pensées peuvent surgir spontanément dans des situations stressantes, nous poussant à douter de nos capacités et à anticiper des résultats défavorables. Par exemple, lorsque confronté à un défi, un individu pourrait penser : « Je ne suis pas capable de réussir » ou « Je vais échouer, comme d'habitude ». Ce type de dialogue interne peut créer un cycle vicieux d'anxiété et de paralysie, où la peur de l'échec nous empêche de passer à l'action.

Un des aspects les plus dévastateurs de la pensée négative est son impact sur notre santé mentale. Les études montrent que les individus qui entretiennent des pensées négatives de manière chronique sont plus susceptibles de souffrir de dépression, d'anxiété et d'autres troubles émotionnels. Lorsque nous nous concentrons sur le négatif, nous renforçons des circuits neuronaux qui favorisent ces émotions désagréables, créant ainsi une spirale descendante qui peut sembler impossible à inverser.

En plus de nuire à notre santé mentale, la pensée négative affecte également notre corps. Le stress et l'anxiété générés par ces pensées peuvent entraîner des symptômes physiques, tels que des maux de tête, des problèmes digestifs, et même des maladies chroniques. Notre corps réagit aux pensées négatives de la même manière qu'il réagirait à une menace physique. Cette réponse biologique peut créer un cycle d'inconfort et de souffrance qui est difficile à briser.

Il est également crucial de reconnaître que la pensée négative peut altérer notre perception des relations interpersonnelles. Une personne qui nourrit des pensées négatives a tendance à voir le monde à travers un prisme de méfiance et de scepticisme. Cela peut la conduire à interpréter les actions des autres de manière négative, ce qui crée des tensions et des conflits inutiles. Par exemple, si un ami ne répond pas immédiatement à un message, une pensée négative pourrait amener une personne à penser : « Il ne s'intéresse pas à moi » ou « J'ai dû lui faire quelque chose de mal ». Ces interprétations erronées peuvent endommager des relations précieuses et créer un sentiment d'isolement.

Cependant, il est possible de transformer cette pensée négative en une opportunité d'apprentissage et de croissance. La première étape consiste à reconnaître que nos pensées ne définissent pas qui nous sommes. Elles sont simplement des interprétations que nous faisons des événements qui se produisent dans notre vie. En prenant conscience de cette distinction, nous pouvons commencer à remettre en question nos pensées et à les reformuler.

Une technique efficace pour lutter contre la pensée négative est la pratique de la pleine conscience. En étant pleinement présent dans le moment, nous pouvons observer nos pensées sans jugement et les laisser passer sans nous y attacher. Cette pratique nous permet de créer une distance entre nous et nos pensées, réduisant ainsi leur pouvoir sur nous. Par exemple, lorsque vous ressentez une pensée négative, au lieu de la réprimer ou de lui donner du pouvoir, essayez de l'accueillir et de l'observer. Demandez-vous d'où elle vient et si elle est réellement fondée. Cette approche peut transformer une pensée négative en une occasion de réflexion et d'apprentissage.

Un autre moyen de contrer la pensée négative consiste à remplacer activement ces pensées par des affirmations positives. Lorsque vous identifiez une pensée limitante, essayez de reformuler cette pensée en quelque chose de constructif. Par exemple, au lieu de penser « Je ne peux pas faire cela », remplacez-le par « Je vais donner le meilleur de moi-même et apprendre de cette expérience ». Ce changement de langage peut créer un nouvel espace mental où la positivité peut s'épanouir.

Il est également important de cultiver un environnement positif autour de nous. Les personnes que nous côtoyons influencent notre état d'esprit. Entourez-vous de personnes qui vous soutiennent et vous encouragent, qui cultivent la positivité et qui partagent des valeurs similaires. Ce réseau de soutien peut jouer un rôle essentiel dans votre capacité à surmonter les pensées négatives et à renforcer votre estime de soi.

Enfin, n'oubliez pas l'importance de prendre soin de vous sur le plan physique. L'exercice régulier, une alimentation équilibrée et un sommeil adéquat peuvent contribuer à améliorer votre bien-être général et à réduire les symptômes de la pensée négative. Lorsque nous prenons soin de notre corps, nous créons un environnement propice à un esprit positif et clair.

En conclusion, comprendre la pensée négative et son impact est la première étape vers la transformation personnelle. En reconnaissant les schémas de pensée négatifs, en pratiquant la pleine conscience, en remplaçant les pensées limitantes par des affirmations positives et en cultivant un environnement de soutien, nous pouvons commencer à modifier notre perception de la réalité. Ce processus demande du temps et de la pratique, mais il est essentiel pour créer une vie plus équilibrée, joyeuse et épanouissante. Ce livre vous accompagnera tout au long de ce chemin de transformation, vous offrant des outils pour surmonter la pensée négative et embrasser un état d'esprit positif.

Techniques pour Reconnaître les Schémas de Pensée Négative

La reconnaissance des schémas de pensée négative est une étape cruciale dans le processus de transformation de notre état d'esprit. Souvent, nous sommes pris dans des cycles de pensées automatiques qui peuvent nuire à notre bien-être émotionnel et à notre perception de la réalité. Ces schémas de pensée sont souvent si profondément ancrés que nous les tenons pour acquis. Toutefois, en développant une conscience aiguë de nos pensées, nous pouvons commencer à les identifier et à les changer.

La première technique efficace pour reconnaître les schémas de pensée négative est la tenue d'un journal. Écrire vos pensées et émotions quotidiennement peut vous aider à mettre en lumière des modèles récurrents. Prenez quelques minutes chaque jour pour réfléchir à vos expériences, à vos interactions et aux émotions qui en découlent. Quelles pensées vous traversent l'esprit lorsque vous êtes confronté à un défi ? Notez-les sans jugement. En revoyant régulièrement votre journal, vous commencerez à observer des schémas : peut-être des critiques répétées envers vous-même ou une tendance à minimiser vos succès. Ce processus de réflexion vous aidera à identifier les pensées négatives qui influencent votre état d'esprit.

Une autre technique consiste à pratiquer la pleine conscience. La pleine conscience est l'art de vivre dans le moment présent, en observant vos pensées et émotions sans jugement. En vous entraînant à être plus conscient de vos pensées au cours de la journée, vous développerez une meilleure capacité à reconnaître les pensées négatives dès qu'elles se manifestent. Cela peut se faire par le biais de la méditation, où vous vous concentrez sur votre respiration et laissez vos pensées passer sans vous y attacher. Avec le temps, cette pratique vous aidera à identifier les schémas de pensée négative qui surgissent automatiquement, vous permettant de les observer avec une distance critique.

En outre, vous pouvez utiliser une technique appelée la « détection de la pensée ». Cela consiste à examiner vos pensées lorsque vous ressentez une émotion négative intense. Posez-vous des questions telles que : « Quelle est la pensée qui a déclenché cette émotion ? » ou « Cette pensée est-elle fondée sur des faits ou des suppositions ? » En décortiquant vos pensées, vous commencerez à distinguer les schémas irrationnels qui se cachent derrière vos émotions. Par exemple, si vous ressentez de l'anxiété avant une présentation, vous pourriez vous rendre compte que vous pensez : « Je vais embarrasser et tout le monde va se moquer de moi ». Cette pensée peut être retravaillée pour devenir « Je suis préparé, et même si quelque chose ne se passe pas comme prévu, je peux gérer la situation ».

Un autre aspect à considérer est l'impact des commentaires internes. Prenez le temps d'écouter la manière dont vous vous parlez à vous-même.

Souvent, nous avons un critique intérieur qui peut être extrêmement négatif. Notez ces dialogues internes et posez-vous des questions sur leur origine. D'où viennent ces pensées ? Sont-elles le résultat de croyances héritées de l'enfance ou d'expériences passées ? En prenant conscience de ces influences, vous pouvez commencer à désamorcer leur pouvoir sur vous.

En parallèle, il peut être utile de demander des retours à des amis proches ou à des membres de la famille. Parfois, ceux qui nous entourent peuvent avoir une perspective plus objective sur nos pensées et comportements. Ouvrez une conversation honnête et demandez-leur de partager leurs observations sur la façon dont vous réagissez dans certaines situations. Cela peut vous fournir un aperçu précieux sur vos schémas de pensée et vous aider à les reconnaître.

Un autre outil puissant est la technique de la « reformulation ». Chaque fois que vous identifiez une pensée négative, essayez de la reformuler en quelque chose de plus positif ou constructif. Par exemple, au lieu de penser « Je suis nul en public », essayez « Je m'améliore chaque fois que je prends la parole en public ». Cette pratique vous aidera à transformer votre dialogue intérieur et à construire un état d'esprit plus positif.

De plus, les groupes de soutien ou les ateliers de développement personnel peuvent offrir un espace sûr pour explorer et discuter de vos pensées. Partager vos expériences avec d'autres personnes qui traversent des luttes similaires peut non seulement vous aider à vous sentir moins seul, mais aussi vous exposer à de nouvelles perspectives et techniques pour gérer vos pensées négatives.

Enfin, la pratique de l'auto-compassion est essentielle pour gérer les schémas de pensée négative. Souvent, nous sommes plus durs envers nous-mêmes que nous le serions envers un ami. Lorsque vous identifiez une pensée négative, demandez-vous comment vous parleriez à un proche dans la même situation. Accordez-vous la même compréhension et la même gentillesse. Cette approche aide à adoucir le jugement que vous portez sur vous-même et à créer un espace où vous pouvez reconnaître vos pensées sans vous laisser submerger par elles.

En conclusion, reconnaître les schémas de pensée négative est une compétence essentielle dans le chemin vers un état d'esprit positif. Grâce à des pratiques telles que la tenue d'un journal, la pleine conscience, la détection de la pensée, et l'auto-compassion, vous pouvez développer une conscience accrue de vos pensées et transformer votre manière d'interagir avec le monde. Ce processus ne se fait pas du jour au lendemain, mais avec patience et engagement, vous pouvez commencer à changer votre perspective et à vivre une vie plus épanouissante.

Méthodes pour Passer de la Pensée Négative à la Pensée Positive

La transition de la pensée négative à la pensée positive peut sembler être un défi de taille, mais c'est un parcours qui peut mener à une vie plus épanouissante et satisfaisante. Pour beaucoup d'entre nous, les pensées négatives semblent être une seconde nature, souvent ancrées dans des croyances limitantes ou des expériences passées. Cependant, avec les bonnes techniques et une volonté d'apprendre, il est possible de changer ces schémas de pensée. Voici quelques méthodes efficaces pour opérer cette transformation.

La première étape essentielle consiste à prendre conscience de vos pensées. La pleine conscience joue ici un rôle clé. En pratiquant la pleine conscience, vous pouvez observer vos pensées sans jugement et reconnaître les moments où des pensées négatives surgissent. Par exemple, lorsque vous ressentez de l'anxiété à l'idée de prendre la parole en public, arrêtez-vous un instant et notez ce que vous pensez. Cela peut être quelque chose comme « Je vais embarrasser » ou « Personne ne m'écoutera ». En prenant conscience de ces pensées, vous pouvez commencer à les remettre en question.

Une fois que vous avez identifié vos pensées négatives, il est crucial de les reformuler. Cela signifie que vous devez remplacer ces pensées par des affirmations positives. Par exemple, la pensée « Je ne suis pas capable » peut être transformée en « J'ai des compétences et je suis capable d'apprendre ». Cette pratique de reformulation vous aide non seulement à changer votre perspective, mais aussi à renforcer votre confiance en vous. Les affirmations doivent être répétées régulièrement pour être ancrées dans votre esprit.

Un autre outil puissant pour passer de la pensée négative à la pensée positive est la pratique de la gratitude. La gratitude nous aide à rediriger notre attention des aspects négatifs de notre vie vers ce qui va bien. Prenez le temps, chaque jour, d'écrire trois choses pour lesquelles vous êtes reconnaissant. Cela peut être aussi simple que le soutien d'un ami ou un bon repas. En cultivant la gratitude, vous entraînez votre esprit à rechercher le positif, ce qui réduit l'impact des pensées négatives.

La visualisation est également une méthode efficace pour favoriser une mentalité positive. Prenez quelques instants chaque jour pour visualiser vos objectifs et les résultats positifs que vous souhaitez atteindre. Imaginez-vous en train de réussir, que ce soit lors d'un entretien d'embauche ou d'une présentation. Ressentez les émotions liées à ces succès et ancrez-les profondément dans votre esprit. Cette technique non seulement stimule votre motivation, mais elle contribue également à reprogrammer votre subconscient pour embrasser le succès plutôt que de craindre l'échec.

Il est également essentiel de s'entourer de personnes positives. Les relations que nous entretenons peuvent avoir un impact significatif sur notre état d'esprit. Lorsque vous passez du temps avec des personnes qui vous soutiennent et vous encouragent, cela renforce votre propre pensée positive. Recherchez des amis, des mentors ou des groupes de soutien qui partagent des valeurs similaires. Participer à des discussions positives et motivantes peut créer un environnement propice à la croissance personnelle.

La technique du dialogue interne est une autre méthode précieuse. Apprenez à parler avec vous-même comme vous le feriez avec un ami cher. Lorsque vous constatez une pensée négative, interrogez-la : « Est-ce vrai ? » ou « Quelqu'un d'autre penserait-il cela de moi ? » Cette pratique permet de démystifier vos pensées et d'éviter de vous laisser emporter par des émotions négatives. En devenant votre propre coach, vous pouvez changer votre perception de vous-même et renforcer votre estime personnelle.

Un aspect souvent négligé de la transition vers la pensée positive est l'importance de prendre soin de soi. Le bien-être physique joue un rôle crucial dans notre santé mentale. Assurez-vous de maintenir une routine d'exercice régulière, d'avoir une alimentation équilibrée et de bénéficier d'un sommeil suffisant. L'exercice, en particulier, libère des endorphines, connues sous le nom d'hormones du bonheur, qui peuvent considérablement améliorer votre humeur et votre état d'esprit général.

De plus, le bénévolat ou l'engagement dans des activités communautaires peut également renforcer votre pensée positive. En aidant les autres, vous élargissez votre perspective et vous vous concentrez sur des expériences positives. Cela favorise un sentiment d'appartenance et de satisfaction personnelle, en vous rappelant que vous avez le pouvoir d'apporter des changements positifs dans votre vie et celle des autres.

Enfin, rappelez-vous que le changement d'état d'esprit est un processus qui demande du temps et de la patience. Soyez indulgent avec vous-même et reconnaissez que des reculs peuvent se produire. L'important est de persévérer et de continuer à appliquer les techniques que vous apprenez. Chaque petite étape vers une pensée positive est un pas en avant vers une vie plus riche et plus épanouissante.

En conclusion, passer de la pensée négative à la pensée positive est un voyage qui commence par la prise de conscience de soi et la volonté de changer. Grâce à des techniques comme la pleine conscience, la gratitude, la visualisation et le dialogue interne, vous pouvez transformer vos pensées et, par conséquent, votre réalité. Ce chemin vous permettra de découvrir un nouveau monde d'opportunités et de croissance personnelle. Engagez-vous à faire de ce changement une priorité, et vous serez étonné des résultats que vous pourrez obtenir.

Rester Concentré sur des Pensées Positives

Dans un monde où les défis et les incertitudes font souvent partie intégrante de notre quotidien, il est crucial de cultiver et de maintenir une attitude positive. Rester concentré sur des pensées positives ne signifie pas ignorer les réalités difficiles de la vie, mais plutôt apprendre à les aborder avec un esprit constructif et optimiste. Cela peut transformer non seulement notre perspective personnelle, mais aussi influencer nos interactions avec les autres et notre capacité à surmonter les obstacles.

La première étape pour rester concentré sur des pensées positives est d'établir une routine quotidienne de réflexion. Chaque matin, prenez quelques instants pour vous asseoir tranquillement et réfléchir aux choses pour lesquelles vous êtes reconnaissant. Cette pratique simple mais puissante peut radicalement changer votre état d'esprit. Au lieu de commencer la journée en vous sentant submergé par les tâches à accomplir, vous commencez par reconnaître les aspects positifs de votre vie. En cultivant cette habitude, vous programmez votre esprit pour chercher le positif dès le début de la journée.

La pleine conscience joue également un rôle crucial dans le maintien d'une pensée positive. En étant pleinement présent dans l'instant, vous pouvez observer vos pensées sans jugement. Cela signifie que lorsque des pensées négatives surgissent, vous êtes en mesure de les reconnaître sans vous y attacher. Par exemple, au lieu de vous laisser emporter par une pensée telle que « Je vais échouer », essayez de l'observer simplement : « Voilà une pensée qui apparaît. Je choisis de ne pas lui accorder d'importance ». Cette distance vous aide à ne pas laisser les pensées négatives influencer vos émotions ou vos actions.

Une autre méthode efficace pour rester concentré sur des pensées positives est l'utilisation d'affirmations positives. Ces phrases simples peuvent être répétées quotidiennement pour renforcer votre confiance en vous et votre attitude. Par exemple, des affirmations comme « Je suis capable » ou « Je mérite le bonheur » peuvent avoir un impact puissant sur votre mentalité. Écrivez vos affirmations et placez-les dans des endroits visibles, comme sur votre miroir ou votre bureau, pour vous en rappeler tout au long de la journée. Ces rappels constants vous aideront à garder une perspective positive, même dans les moments de stress ou de doute.

De plus, entourez-vous de personnes positives. Les relations que nous entretenons ont un impact significatif sur notre état d'esprit. Passer du temps avec des personnes qui cultivent la positivité et soutiennent vos ambitions peut renforcer votre propre mentalité. Lorsque vous êtes entouré de gens qui partagent des valeurs similaires, il devient plus facile de maintenir une attitude optimiste. Cherchez des groupes de soutien, des amis inspirants ou des mentors qui vous encouragent à poursuivre vos rêves et à surmonter vos défis.

Il est également important de reconnaître l'importance de l'autocompassion. Souvent, nous sommes notre propre critique le plus sévère. Lorsque vous faites face à des erreurs ou des défis, essayez de vous traiter avec la même bienveillance que vous offririez à un ami.

Remplacez les pensées négatives par des réflexions plus gentilles et encourageantes. Au lieu de penser « Je suis nul » lorsque vous échouez à atteindre un objectif, essayez de vous dire « Je fais de mon mieux et j'apprends de cette expérience ». Cette approche douce vous permettra de garder un état d'esprit positif, même lorsque les choses ne se déroulent pas comme prévu.

Pratiquer la gratitude au quotidien est une autre manière puissante de rester concentré sur le positif. Lorsque vous notez les petites et grandes choses qui vous apportent de la joie, vous renforcez votre capacité à apprécier la vie. Prenez l'habitude de tenir un journal de gratitude où vous inscrivez chaque jour trois choses positives. Cela peut être un moment agréable, un compliment reçu ou même une tasse de café chaud. En faisant cela, vous vous conditionnez à rechercher le positif dans votre vie quotidienne, ce qui augmente votre bonheur général.

Le sport et l'activité physique jouent également un rôle crucial dans le maintien d'une pensée positive. L'exercice régulier libère des endorphines, les hormones du bonheur, qui améliorent votre humeur et diminuent le stress. Trouvez une activité que vous aimez, que ce soit la danse, la marche, le yoga ou tout autre sport. En intégrant l'activité physique dans votre routine, vous créez un espace pour le bien-être physique et mental, renforçant ainsi votre concentration sur des pensées positives.

De plus, il est essentiel d'apprendre à gérer le stress de manière proactive. Lorsque vous êtes confronté à des situations stressantes, des techniques telles que la respiration profonde ou la méditation peuvent vous aider à vous recentrer et à vous reconnecter à des pensées positives. Prenez quelques minutes chaque jour pour vous concentrer sur votre respiration. Inhalez profondément en comptant jusqu'à quatre, retenez votre souffle pendant quatre secondes, puis expirez lentement en comptant jusqu'à quatre. Cette technique simple peut avoir un impact profond sur votre état d'esprit, en vous aidant à vous détendre et à chasser les pensées négatives.

Enfin, rappelez-vous que rester concentré sur des pensées positives est un processus continu. Il est normal de rencontrer des revers ou des moments de doute. L'important est de revenir à vos pratiques de pensée positive et de vous rappeler que chaque jour est une nouvelle occasion de choisir la positivité. Soyez patient avec vous-même et célébrez vos progrès, aussi petits soient-ils. En vous engageant activement dans ce processus, vous pouvez construire une vie remplie de positivité et d'optimisme.

En conclusion, rester concentré sur des pensées positives nécessite une pratique délibérée et continue. En intégrant des habitudes de pleine conscience, en utilisant des affirmations, en cultivant des relations positives et en pratiquant la gratitude, vous pouvez transformer votre état d'esprit. Cette transformation n'est pas seulement bénéfique pour vous-même, mais elle peut également avoir un impact positif sur votre entourage. Engagez-vous sur ce chemin et découvrez le pouvoir d'une pensée positive dans votre vie quotidienne.

Chapitre 3 : Construire des Habitudes Positives dans la Vie Quotidienne

L'Importance des Habitudes pour un État d'Esprit Positif

Dans notre quête d'un état d'esprit positif, il est essentiel de reconnaître le rôle fondamental que jouent les habitudes dans notre vie quotidienne. Les habitudes, qu'elles soient conscientes ou inconscientes, façonnent notre comportement, influencent nos émotions et déterminent en grande partie la qualité de notre vie. Comprendre cette dynamique est crucial pour instaurer des changements durables qui favorisent le bien-être et la positivité.

Les habitudes sont des comportements que nous exécutons régulièrement et qui deviennent automatiques au fil du temps. Elles peuvent être aussi simples que le fait de prendre son café le matin ou aussi complexes que la gestion d'un projet professionnel. Lorsqu'elles sont ancrées dans notre routine, elles nécessitent moins d'efforts cognitifs, nous permettant de nous concentrer sur d'autres aspects de notre vie. Cette automatisation est à la fois un atout et un défi, car des habitudes négatives peuvent également s'installer et devenir des schémas de pensée limitants.

L'une des raisons pour lesquelles les habitudes sont si importantes pour un état d'esprit positif réside dans leur capacité à créer une structure dans notre vie. En établissant des habitudes positives, nous construisons un cadre qui nous aide à naviguer à travers les aléas de la vie. Par exemple, en intégrant une routine matinale qui inclut la méditation, l'exercice physique et la gratitude, nous commençons notre journée sur une note positive. Ces pratiques renforcent notre résilience face aux défis et nous préparent mentalement à affronter la journée avec optimisme.

En outre, les habitudes nous permettent de développer la discipline et la constance, deux éléments clés pour cultiver un état d'esprit positif. La discipline consiste à faire ce qui est nécessaire, même lorsque nous n'en avons pas envie. Par exemple, s'engager à pratiquer la pleine conscience chaque jour, même si nous sommes occupés ou fatigués, crée un sentiment de responsabilité envers nous-mêmes. Cette discipline nous aide à rester concentrés sur nos objectifs et à ne pas nous laisser distraire par des pensées négatives ou des doutes.

La constance est tout aussi cruciale. Lorsqu'une habitude est pratiquée régulièrement, elle finit par devenir une seconde nature. Par exemple, en lisant chaque jour des livres inspirants ou en écoutant des podcasts motivants, nous renforçons continuellement notre mentalité positive. Cette exposition répétée à des idées constructives façonne notre façon de penser et crée un environnement propice à l'épanouissement personnel.

Les petites actions répétées au quotidien s'accumulent et finissent par produire des résultats significatifs.

Il est également essentiel de noter que les habitudes positives peuvent avoir un effet domino sur d'autres domaines de notre vie. En nous engageant dans des pratiques saines, telles que l'exercice régulier et une alimentation équilibrée, nous nous sentons mieux sur le plan physique, ce qui, à son tour, améliore notre bien-être mental. Une bonne santé physique contribue à une humeur positive, ce qui nous rend plus résilients face aux défis. Lorsque nous nourrissons notre corps avec des aliments sains et que nous lui offrons l'exercice dont il a besoin, nous créons une base solide pour une vie positive.

De plus, l'établissement d'habitudes positives favorise des relations interpersonnelles saines. En pratiquant l'écoute active et en consacrant du temps de qualité à nos proches, nous renforçons nos liens et créons un environnement chaleureux et positif. Par exemple, prendre l'habitude de passer un moment chaque semaine avec un ami ou un membre de la famille pour discuter et partager nos expériences peut enrichir notre vie sociale et nous apporter un soutien émotionnel précieux. Ces interactions contribuent à une perception positive de nous-mêmes et des autres.

Pour instaurer des habitudes positives, il est important d'adopter une approche progressive. Au lieu d'essayer de tout changer en même temps, concentrez-vous sur un ou deux aspects de votre vie que vous souhaitez améliorer. Cela peut être aussi simple que de décider de boire plus d'eau chaque jour ou de consacrer cinq minutes à la méditation. En commençant petit, vous augmentez vos chances de succès. Une fois que cette habitude est solidement ancrée, vous pouvez ajouter d'autres habitudes, élargissant ainsi progressivement votre répertoire de comportements positifs.

Il est également essentiel de célébrer vos réussites, même les plus petites. Chaque fois que vous atteignez un objectif ou que vous intégrez une nouvelle habitude, prenez le temps de vous reconnaître et de vous féliciter. Cette pratique renforce votre motivation et vous rappelle que le changement est possible. La célébration de vos progrès contribue à créer une association positive avec vos nouvelles habitudes et vous incite à poursuivre vos efforts.

Enfin, restez flexible et ouvert aux ajustements. La vie est dynamique et, à mesure que vous évoluez, vos besoins et vos priorités peuvent changer. N'hésitez pas à réévaluer vos habitudes et à les adapter en fonction de ce qui fonctionne le mieux pour vous. La clé est de rester engagé dans le processus et de continuer à chercher des moyens de cultiver la positivité dans votre vie.

En conclusion, les habitudes jouent un rôle crucial dans l'établissement et le maintien d'un état d'esprit positif. En créant des routines saines, en cultivant la discipline et la constance, et en favorisant des interactions sociales enrichissantes, nous pouvons transformer notre perception de nous-mêmes et du monde qui nous entoure. La mise en place d'habitudes positives est un investissement à long terme dans notre bien-être émotionnel et physique. En nous engageant à développer ces habitudes, nous ouvrons la voie à une vie plus riche, plus épanouissante et pleine de bonheur.

Commencer Chaque Journée avec une Attitude Positive

Chaque jour est une nouvelle opportunité, une page blanche sur laquelle nous pouvons écrire notre propre histoire. La façon dont nous commençons notre journée peut avoir un impact profond sur notre état d'esprit et notre bien-être général. Adopter une attitude positive dès le matin peut transformer non seulement notre journée, mais aussi notre vie. Dans cette section, nous allons explorer des stratégies pratiques pour commencer chaque journée avec une mentalité positive.

La première étape pour débuter votre journée sur une note positive est de créer une routine matinale. Une routine bien établie peut servir de fondation solide sur laquelle vous pouvez bâtir votre journée. Cela commence par des rituels simples qui favorisent un état d'esprit serein et heureux. Par exemple, dès que vous vous réveillez, prenez quelques instants pour respirer profondément et réfléchir à ce que vous attendez avec impatience pour la journée à venir. Cette pratique de gratitude matinale peut être aussi simple que de reconnaître le confort de votre lit ou la beauté du lever du soleil.

Incorporer des moments de pleine conscience dans votre matinée peut également avoir un effet bénéfique. Avant de vous lancer dans vos activités quotidiennes, prenez le temps de vous asseoir en silence, de vous concentrer sur votre respiration et de laisser vos pensées vagabonder. Cela vous permettra de vous ancrer dans le moment présent et de libérer les tensions accumulées. Vous pouvez également pratiquer la méditation ou des exercices de visualisation pour préparer votre esprit à accueillir la journée avec optimisme.

Une autre technique puissante pour commencer votre journée positivement est de lire ou d'écouter des contenus inspirants. Que ce soit un livre de développement personnel, un podcast motivant ou une citation inspirante, ces éléments peuvent renforcer votre état d'esprit. Le matin est le moment idéal pour nourrir votre esprit de pensées positives qui vous donneront de l'énergie et de la motivation pour la journée. Choisissez des matériaux qui résonnent avec vous et qui vous rappellent vos objectifs et vos aspirations.

Pratiquer la gratitude est un autre pilier d'une attitude positive matinale. Avant de vous lever, prenez un moment pour réfléchir à trois choses pour lesquelles vous êtes reconnaissant. Cela peut être quelque chose d'aussi simple qu'un bon café, une bonne santé ou le soutien de vos proches. Écrire ces points dans un journal de gratitude vous aide à vous concentrer sur le positif et à établir une mentalité axée sur l'appréciation. Cette pratique crée un état d'esprit qui se prolonge tout au long de la journée, influençant la façon dont vous réagissez aux défis et aux obstacles.

Une routine d'exercice physique matinale peut également jouer un rôle essentiel dans la création d'une attitude positive. Que ce soit une séance de yoga, une course à pied ou des exercices de renforcement musculaire, l'activité physique stimule la production d'endorphines, souvent appelées hormones du bonheur. Même une courte promenade à l'extérieur peut vous aider à vous sentir revitalisé et plein d'énergie. L'exercice libère des tensions et favorise une circulation sanguine qui dynamise le corps et l'esprit, vous préparant ainsi à affronter la journée avec optimisme.

En parallèle, il est crucial d'établir des objectifs pour votre journée. Avant de commencer vos tâches, prenez quelques minutes pour écrire ce que vous souhaitez accomplir. Ces objectifs doivent être clairs et réalisables, ce qui vous permettra de rester concentré et motivé. Une fois que vous avez fixé vos priorités, cela vous aidera à éviter de vous sentir accablé par les diverses tâches qui vous attendent. Se donner des objectifs spécifiques à atteindre crée un sentiment d'accomplissement à mesure que vous les réalisez tout au long de la journée.

Il est également important de limiter l'exposition aux éléments négatifs, notamment dans les premières heures de votre journée. Cela inclut l'évitement des réseaux sociaux ou des nouvelles qui peuvent être accablantes. En choisissant délibérément de consommer des contenus positifs le matin, vous vous protégez des influences négatives qui pourraient assombrir votre humeur. Optez pour des informations qui vous inspirent ou qui vous rendent heureux, plutôt que celles qui vous plongent dans l'anxiété ou le stress.

Enfin, n'oubliez pas d'ajouter une touche de plaisir à votre routine matinale. Que ce soit en dégustant votre petit déjeuner préféré, en écoutant de la musique entraînante ou en prenant un moment pour savourer votre café, ces petites joies peuvent avoir un impact significatif sur votre état d'esprit. Créer des rituels qui vous font sourire vous permet de commencer la journée sur une note joyeuse et d'augmenter votre motivation pour le reste de la journée.

En conclusion, commencer chaque journée avec une attitude positive est un choix puissant que vous pouvez faire. En établissant une routine matinale qui inclut la gratitude, la pleine conscience, l'exercice physique et des objectifs clairs, vous créez un environnement propice à la positivité. Chaque matin représente une nouvelle chance de cultiver un état d'esprit optimiste et d'aborder la vie avec une énergie renouvelée. Engagez-vous à mettre en œuvre ces pratiques et observez comment votre perspective et votre qualité de vie s'améliorent au fil du temps. Avec de la patience et de la détermination, vous pouvez transformer vos matins en un moment d'inspiration et de positivité, vous permettant d'aborder chaque jour avec une confiance renouvelée et une joie authentique.

Exercices de Gratitude Quotidienne

La gratitude est une pratique puissante qui peut transformer notre état d'esprit et améliorer notre qualité de vie. Chaque jour, nous sommes souvent absorbés par le stress, les défis et les préoccupations qui nous entourent. Cependant, en intégrant des exercices de gratitude dans notre routine quotidienne, nous pouvons orienter notre attention vers le positif et renforcer notre bien-être émotionnel. Dans cette section, nous explorerons diverses façons de cultiver la gratitude au quotidien.

Pour commencer, un des exercices les plus simples et les plus efficaces consiste à tenir un journal de gratitude. Chaque matin ou chaque soir, prenez quelques minutes pour écrire trois à cinq choses pour lesquelles vous êtes reconnaissant. Cela peut inclure des événements de la journée, des interactions avec des proches ou même de petites choses que vous appréciez, comme un bon café ou un rayon de soleil. L'important est d'être spécifique dans vos réflexions. Par exemple, au lieu d'écrire simplement « je suis reconnaissant pour ma famille », vous pourriez dire « je suis reconnaissant que ma sœur m'ait appelé aujourd'hui pour prendre de mes nouvelles ». Cette précision renforce l'impact émotionnel de l'exercice et vous aide à vous souvenir de ces moments positifs.

Un autre exercice efficace est de pratiquer la gratitude en pleine conscience. Cela implique de prendre le temps de savourer un moment présent en étant conscient des éléments qui vous entourent. Choisissez un moment de la journée, comme votre pause déjeuner ou un moment de calme le matin, pour vous asseoir en silence et réfléchir à ce qui vous apporte de la joie dans votre vie. Fermez les yeux et concentrez-vous sur votre respiration, en permettant à votre esprit de vagabonder vers les choses pour lesquelles vous êtes reconnaissant. Cette pratique de pleine conscience vous aide à vous ancrer dans l'instant présent et à apprécier les petites merveilles de la vie.

La gratitude peut également être exprimée à travers des gestes simples et des actions concrètes. Prenez l'habitude d'écrire une note ou un message à un ami ou à un membre de la famille pour exprimer votre appréciation. Cela peut sembler anodin, mais prendre le temps d'écrire un mot sincère peut renforcer vos liens et répandre la positivité. Par exemple, remerciez un collègue pour son aide sur un projet ou dites à un ami à quel point vous appréciez sa présence dans votre vie. Ces échanges créent un climat de gratitude mutuelle et favorisent des relations plus profondes.

De plus, la pratique de la gratitude peut être intégrée à votre routine de méditation. Consacrez quelques minutes à méditer sur les choses pour lesquelles vous êtes reconnaissant. Visualisez ces éléments dans votre esprit, en les ressentant profondément. La méditation de gratitude vous permet de cultiver des émotions positives et de renforcer votre connexion avec ce que vous appréciez dans votre vie. Cela peut également réduire le stress et améliorer votre bien-être général.

Une autre méthode pour renforcer votre pratique de la gratitude est de créer un tableau de gratitude. Ce tableau peut être physique ou numérique et doit contenir des images, des mots ou des citations qui évoquent des souvenirs positifs et des expériences de gratitude. Par exemple, imprimez des photos de moments heureux passés avec des amis ou des membres de votre famille, ou écrivez des affirmations inspirantes qui vous rappellent ce qui compte vraiment pour vous. En consultant régulièrement ce tableau, vous renforcez votre mentalité positive et vous vous entourez de visuels qui vous motivent.

Les moments de partage en famille ou entre amis peuvent également être une excellente occasion de cultiver la gratitude. Instaurer une tradition de gratitude lors des repas ou des rencontres sociales peut renforcer les liens et encourager une atmosphère positive. Par exemple, prenez l'habitude de demander à chaque personne de partager une chose pour laquelle elle est reconnaissante avant de commencer à manger. Ce simple geste peut transformer l'ambiance et amener chacun à réfléchir à ce qui est positif dans sa vie.

De plus, la gratitude peut être pratiquée dans les moments difficiles. Lorsque vous faites face à des défis ou à des situations stressantes, essayez de trouver des leçons ou des aspects positifs à en tirer. Cela ne signifie pas ignorer vos émotions ou minimiser vos luttes, mais plutôt chercher des opportunités de croissance. Par exemple, si vous traversez une période difficile au travail, réfléchissez à ce que cette expérience vous enseigne ou comment elle vous aide à développer votre résilience. Cette pratique vous permettra de rester ancré et de développer une perspective plus équilibrée face aux difficultés.

Enfin, rappelez-vous que la gratitude est une compétence qui se développe avec le temps. Soyez patient avec vous-même et ne vous découragez pas si vous trouvez cela difficile au début. Commencez par de petites actions et progressivement, vous remarquerez que la gratitude devient une seconde nature. La pratique régulière de ces exercices peut transformer votre état d'esprit et vous aider à vivre une vie plus épanouissante.

En conclusion, intégrer des exercices de gratitude dans votre quotidien peut avoir un impact significatif sur votre bien-être émotionnel. Que ce soit à travers un journal de gratitude, des moments de pleine conscience, des gestes d'appréciation ou des traditions de partage, chaque petite action compte. En cultivant une mentalité de gratitude, vous pouvez transformer votre perception de la vie et renforcer vos relations. Engagez-vous à pratiquer la gratitude chaque jour et observez comment cette simple mais puissante attitude peut enrichir votre existence et vous rapprocher d'un état d'esprit positif et épanouissant.

Intégrer la Positivité dans Tous les Domaines de la Vie

L'intégration de la positivité dans tous les domaines de notre vie est une démarche essentielle pour favoriser le bien-être, l'épanouissement personnel et des relations saines. La positivité n'est pas seulement une attitude, c'est un mode de vie qui peut transformer notre perception du monde et nos interactions avec les autres. Que ce soit dans notre vie professionnelle, personnelle, sociale ou même dans notre rapport à nous-mêmes, adopter une approche positive peut mener à des résultats significatifs et durables.

Pour commencer, il est crucial de comprendre que la positivité doit être cultivée activement. Cela ne signifie pas ignorer les difficultés ou prétendre que tout va bien lorsque ce n'est pas le cas. Au contraire, intégrer la positivité dans votre vie nécessite de reconnaître les défis tout en choisissant d'adopter une perspective constructive. Cette capacité à voir le bon côté des choses est ce qui permet de naviguer à travers les hauts et les bas de la vie avec résilience et optimisme.

Dans le domaine professionnel, par exemple, intégrer la positivité peut avoir un impact direct sur votre performance et votre satisfaction au travail. Adopter une attitude positive au travail commence par la façon dont vous percevez vos tâches quotidiennes. Plutôt que de considérer votre emploi comme une corvée, essayez de voir chaque tâche comme une occasion d'apprendre et de grandir. Créer une liste de tâches avec des objectifs clairs et réalisables peut vous aider à rester concentré et motivé. En célébrant les petites victoires et en reconnaissant vos efforts, vous renforcez votre sentiment d'accomplissement et encouragez une atmosphère positive autour de vous.

La collaboration avec des collègues est également un domaine où la positivité peut faire une différence significative. Établissez des relations basées sur le soutien mutuel et l'encouragement. Lorsque vous partagez des idées, écoutez activement et faites preuve d'empathie envers les autres. Une communication ouverte et honnête favorise un environnement de travail positif et renforce les liens entre les membres de l'équipe. Vous pouvez même envisager d'organiser des activités de team-building qui encouragent le partage et la convivialité, renforçant ainsi les relations interpersonnelles et créant une culture d'entraide.

Dans notre vie personnelle, intégrer la positivité est tout aussi crucial. Nos relations avec nos amis et notre famille jouent un rôle fondamental dans notre bien-être. Prenez le temps d'exprimer votre appréciation envers vos proches. Que ce soit par des mots doux, des gestes d'affection ou simplement en passant du temps ensemble, ces petites attentions contribuent à créer un environnement chaleureux et aimant. La gratitude, lorsqu'elle est partagée, renforce les liens et permet de créer des souvenirs positifs ensemble.

Il est également important de se rappeler que notre état d'esprit peut influencer notre relation avec nous-mêmes. Adopter une attitude positive commence par être bienveillant envers soi-même. Pratiquez l'autocompassion en reconnaissant que tout le monde fait des erreurs et que l'échec fait partie du chemin. Remplacez les pensées autocritiques par des affirmations positives et encourageantes. Dites-vous que vous méritez le bonheur et que chaque jour est une nouvelle chance d'apprendre et de grandir.

L'intégration de la positivité dans votre vie quotidienne peut également passer par des activités créatives. Que ce soit à travers l'écriture, la peinture, la danse ou la musique, l'expression de soi permet de libérer des émotions et de canaliser des pensées positives. Créez des rituels créatifs où vous pouvez vous immerger dans ce qui vous passionne. Cela ne fait pas seulement du bien à votre esprit, mais cela peut également servir de catharsis, en vous permettant de vous libérer des pensées négatives accumulées.

En ce qui concerne votre bien-être physique, il est essentiel de comprendre que le corps et l'esprit sont interconnectés. Pratiquer une activité physique régulière, manger des aliments nutritifs et dormir suffisamment favorise un état d'esprit positif. L'exercice, par exemple, libère des endorphines, souvent appelées « hormones du bonheur », qui améliorent notre humeur. Créer une routine d'exercice qui vous plaît, que ce soit la marche, le yoga ou la danse, peut renforcer votre énergie et votre motivation, et vous aider à aborder la journée avec un esprit frais et positif.

Un autre domaine clé pour intégrer la positivité est notre relation avec les médias et l'information. Dans un monde saturé de nouvelles souvent négatives, il est important de choisir les contenus que nous consommons. Privilégiez les livres, les podcasts et les films inspirants qui nourrissent votre esprit et vous motivent. En limitant votre exposition aux nouvelles négatives, vous pouvez réduire le stress et l'anxiété, et vous concentrer sur des éléments qui encouragent une mentalité positive.

En outre, le bénévolat et l'engagement communautaire sont des moyens puissants d'intégrer la positivité dans votre vie. Aider les autres, que ce soit par le biais de services communautaires ou de simples gestes de gentillesse, peut renforcer votre propre sentiment de satisfaction et de bonheur. Lorsque nous donnons de notre temps et de notre énergie pour aider ceux qui en ont besoin, nous cultivons un sentiment d'appartenance et de connexion qui renforce notre bien-être émotionnel.

Enfin, il est crucial de faire preuve de patience et de persévérance dans ce processus. Intégrer la positivité dans tous les domaines de votre vie ne se fait pas du jour au lendemain. Soyez prêt à rencontrer des obstacles et des moments de doute, mais rappelez-vous que chaque petit pas compte. Engagez-vous à pratiquer la positivité chaque jour et observez comment votre mentalité et vos interactions avec le monde évoluent. La transformation est possible, et chaque jour est une nouvelle opportunité de créer un environnement où la positivité peut prospérer.

En conclusion, intégrer la positivité dans tous les domaines de votre vie est un voyage enrichissant qui demande du temps et des efforts. En adoptant des habitudes positives, en cultivant des relations saines et en prenant soin de vous-même, vous pouvez créer un cadre de vie qui favorise le bonheur et l'épanouissement. Ce processus peut non seulement transformer votre propre vie, mais aussi inspirer les autres à embrasser une attitude positive. Engagez-vous sur ce chemin, et vous découvrirez la puissance de la positivité dans chaque aspect de votre existence.

Chapitre 4 : Renforcer Votre Esprit face aux Défis et aux Échecs

Recontextualiser l'Échec comme une Opportunité d'Apprentissage

L'échec est une expérience universelle que tout le monde rencontre à un moment ou à un autre de sa vie. Pourtant, notre réaction face à l'échec peut varier considérablement. Pour beaucoup, l'échec est perçu comme une fin, un signal d'incompétence ou une source de honte. Cependant, recontextualiser l'échec comme une opportunité d'apprentissage peut transformer notre perspective et ouvrir la voie à la croissance personnelle et professionnelle. Cette approche nous permet non seulement de surmonter les déceptions, mais aussi de tirer des leçons précieuses qui peuvent enrichir notre vie.

Pour commencer, il est essentiel de reconnaître que l'échec fait partie intégrante du processus d'apprentissage. Chaque fois que nous essayons quelque chose de nouveau, que ce soit dans notre vie personnelle ou professionnelle, il y a une possibilité d'échec. En fait, beaucoup des réussites les plus emblématiques de l'histoire ont été précédées d'échecs. Des figures comme Thomas Edison, qui a échoué des centaines de fois avant d'inventer l'ampoule, ou J.K. Rowling, qui a vu son manuscrit de Harry Potter rejeté par de nombreux éditeurs, nous montrent que l'échec peut être une étape sur le chemin du succès.

La première étape pour recontextualiser l'échec consiste à changer notre état d'esprit. Plutôt que de voir l'échec comme une évaluation de nos capacités personnelles, il est plus constructif de le considérer comme une occasion d'apprendre et de grandir. Chaque échec est une occasion de réfléchir à ce qui n'a pas fonctionné, d'identifier les erreurs et d'adapter notre approche. En adoptant cette mentalité de croissance, nous nous donnons la permission d'échouer et de nous relever, renforçant ainsi notre résilience.

Un exercice pratique pour recontextualiser l'échec est d'écrire ce que vous ressentez après avoir échoué dans une tâche ou un projet. Prenez le temps d'exprimer vos émotions, qu'il s'agisse de frustration, de tristesse ou de déception. Ensuite, posez-vous des questions : Quelles leçons puis-je tirer de cette expérience ? Quelles actions puis-je entreprendre pour améliorer la situation à l'avenir ? Ce processus d'introspection peut vous aider à transformer des émotions négatives en apprentissages constructifs.

Il est également utile de partager vos expériences d'échec avec d'autres. Parler de vos défis et de vos erreurs avec des amis, des collègues ou même des mentors peut non seulement soulager le poids émotionnel que vous ressentez, mais aussi vous apporter des perspectives nouvelles. Souvent, vous découvrirez que d'autres ont traversé des échecs similaires et ont trouvé des moyens de les surmonter. Ces échanges peuvent renforcer l'idée que l'échec n'est pas une fatalité, mais un aspect commun de l'expérience humaine.

Un autre aspect important de la recontextualisation de l'échec est la création d'un plan d'action. Lorsque vous faites face à un échec, réfléchissez à ce que vous pouvez faire différemment la prochaine fois. Identifiez les étapes spécifiques que vous pouvez prendre pour améliorer votre performance ou votre approche. Cela peut inclure le développement de nouvelles compétences, la recherche de conseils auprès d'experts ou la modification de vos objectifs. En créant un plan d'action concret, vous passez de la passivité à l'initiative, transformant un moment de déception en une opportunité d'apprentissage et de croissance.

De plus, il est important de se rappeler que l'échec n'est pas définitif. La société a souvent tendance à stigmatiser l'échec, mais en réalité, chaque échec est une chance de se réinventer. L'histoire regorge d'exemples de personnes qui ont échoué avant de réussir de manière remarquable. Prenez le temps de vous inspirer de ces récits. Qu'il s'agisse de chefs d'entreprise, d'artistes ou de sportifs, leur résilience face à l'échec est souvent la clé de leur succès ultime. En vous entourant de ces récits motivants, vous renforcez votre propre capacité à voir l'échec comme un tremplin vers de plus grandes réussites.

Il est également essentiel de cultiver la patience et la bienveillance envers soi-même. Lorsqu'un échec se produit, il peut être tentant de se blâmer ou de s'en vouloir. Cependant, il est crucial de se rappeler que personne n'est parfait. Acceptez que l'échec fait partie du voyage et accordez-vous le temps nécessaire pour apprendre et vous adapter. En faisant preuve d'autocompassion, vous vous donnez la liberté de grandir et de progresser sans la pression d'une performance parfaite.

En fin de compte, recontextualiser l'échec comme une opportunité d'apprentissage est un processus qui nécessite du temps et de la pratique. Ce n'est pas une compétence que l'on acquiert du jour au lendemain, mais plutôt une approche que l'on développe progressivement. Engagez-vous à examiner chaque échec sous un angle constructif et à rechercher activement les leçons qu'il peut offrir. En adoptant cette mentalité, vous renforcerez votre résilience et vous ouvrirez la voie à des expériences plus positives à l'avenir.

En conclusion, l'échec n'est pas une fin en soi, mais un passage sur le chemin de la croissance personnelle. En choisissant de le voir comme une opportunité d'apprentissage, vous vous donnez les moyens de surmonter les obstacles et de transformer vos expériences en atouts. Chaque échec vous rapproche un peu plus de vos objectifs, à condition d'adopter la bonne perspective. Ainsi, la prochaine fois que vous rencontrerez un revers, rappelez-vous qu'il s'agit d'un moment d'apprentissage, une chance d'évoluer et de devenir une version encore meilleure de vous-même.

Techniques pour Rester Calme en Périodes Difficiles

La vie est parsemée de défis et de périodes difficiles qui peuvent mettre notre patience et notre résilience à l'épreuve. Que ce soit un stress professionnel, des problèmes personnels, ou des événements imprévus, il est essentiel d'apprendre à gérer ces moments avec calme et sérénité. Rester calme face à l'adversité n'est pas une tâche facile, mais avec les bonnes techniques et une approche consciente, il est possible de naviguer à travers les tempêtes de la vie avec plus de confiance et de sérénité.

La première technique efficace pour rester calme en périodes difficiles est la pratique de la respiration profonde. Lorsque nous sommes confrontés à une situation stressante, notre corps réagit souvent par une réponse de combat ou de fuite, entraînant une augmentation du rythme cardiaque et une respiration rapide. En pratiquant la respiration profonde, nous pouvons contrer cette réaction. Prenez quelques instants pour vous asseoir confortablement, fermez les yeux et concentrez-vous sur votre respiration. Inspirez lentement par le nez en comptant jusqu'à quatre, retenez votre souffle pendant quatre secondes, puis expirez lentement par la bouche en comptant jusqu'à six. Répétez cet exercice plusieurs fois. Cette simple technique permet de calmer le système nerveux et de réduire l'anxiété, vous aidant ainsi à retrouver un état d'esprit apaisé.

Une autre méthode pour rester serein en période de stress est la méditation. Consacrer quelques minutes par jour à la méditation peut considérablement améliorer votre capacité à gérer les situations difficiles. Trouvez un endroit calme, asseyez-vous confortablement et concentrez-vous sur le moment présent. Vous pouvez choisir de focaliser votre attention sur votre respiration, sur un mantra ou simplement sur les sons environnants. La méditation vous aide à développer une conscience de vos pensées et de vos émotions sans jugement, vous permettant de mieux gérer le stress lorsque des situations difficiles se présentent.

L'exercice physique est également un excellent moyen de libérer le stress accumulé et de rester calme. L'activité physique stimule la production d'endorphines, souvent appelées « hormones du bonheur », qui améliorent votre humeur et vous aident à gérer l'anxiété. Que ce soit par une simple marche, une séance de yoga ou un entraînement plus intense, trouver une forme d'exercice que vous appréciez peut être extrêmement bénéfique. Essayez d'intégrer une activité physique dans votre routine quotidienne, même si ce n'est que pour quelques minutes. Cette pratique régulière vous aidera à maintenir un état d'esprit positif et à renforcer votre résilience face aux défis.

Un autre aspect important pour rester calme est la gestion de votre environnement. Lorsque vous êtes confronté à une situation stressante, examinez votre environnement et identifiez ce qui pourrait contribuer à votre stress. Parfois, un espace encombré ou bruyant peut exacerber vos émotions négatives. Prenez le temps de créer un environnement apaisant. Cela peut impliquer de ranger votre espace de travail, d'ajouter des éléments relaxants comme des plantes ou des bougies, ou de réduire le bruit ambiant en utilisant des écouteurs ou en jouant de la musique douce. Un environnement calme peut favoriser une atmosphère propice à la sérénité.

La pratique de la gratitude est également un outil puissant pour maintenir le calme en période difficile. Lorsque vous êtes confronté à des défis, il peut être facile de se concentrer uniquement sur les aspects négatifs. Cependant, en prenant le temps de reconnaître les choses positives de votre vie, vous pouvez changer votre perspective. Tenez un journal de gratitude et notez chaque jour trois à cinq choses pour lesquelles vous êtes reconnaissant. Cela peut être un soutien d'un ami, une belle journée, ou simplement une tasse de café qui vous plaît. En cultivant la gratitude, vous vous forcez à chercher le positif, ce qui peut considérablement alléger votre esprit et vous aider à garder votre calme.

De plus, il est important de reconnaître vos émotions et de ne pas les ignorer. En période difficile, il est normal de ressentir de la frustration, de la tristesse ou de l'anxiété. Plutôt que de réprimer ces émotions, accordez-vous la permission de les ressentir. Prenez un moment pour identifier ce que vous ressentez et pourquoi. L'auto-compassion est essentielle ; rappelez-vous que vous n'êtes pas seul et que de nombreux autres ressentent les mêmes choses. Exprimer vos émotions, que ce soit à travers l'écriture, la parole ou l'art, peut aider à libérer la tension émotionnelle et à apporter un sentiment de légèreté.

Enfin, la connexion sociale joue un rôle essentiel dans notre capacité à rester calme. En période de stress, il est important de ne pas se replier sur soi-même. Recherchez le soutien de vos amis, de votre famille ou de vos collègues. Parler de vos préoccupations et de vos émotions avec des personnes de confiance peut fournir un soutien émotionnel inestimable et une nouvelle perspective sur la situation. Partager vos expériences avec les autres vous rappelle que vous n'êtes pas seul et que vous pouvez compter sur les autres pour vous aider à traverser les moments difficiles.

En conclusion, rester calme en périodes difficiles nécessite une combinaison de techniques pratiques et d'une approche consciente. En intégrant des exercices de respiration, la méditation, l'exercice physique, la gestion de l'environnement, la gratitude, l'auto-compassion et le soutien social, vous pouvez renforcer votre capacité à gérer le stress et à naviguer à travers les défis de la vie. Ce processus demande du temps et de la pratique, mais en vous engageant à adopter ces stratégies, vous serez mieux préparé à affronter les tempêtes et à maintenir un état d'esprit serein, peu importe ce que la vie vous réserve. La tranquillité d'esprit est à votre portée, et chaque jour vous offre une nouvelle occasion de la cultiver.

Apprendre de ses Erreurs et Aller de l'Avant

Les erreurs sont une partie intégrante de l'expérience humaine. Que ce soit dans notre vie personnelle, professionnelle ou sociale, tout le monde fait des erreurs à un moment ou un autre. Cependant, ce qui définit véritablement notre cheminement n'est pas tant l'erreur elle-même, mais plutôt notre capacité à en tirer des leçons et à avancer. Apprendre de ses erreurs est un processus essentiel qui nous permet de grandir, de nous développer et de devenir plus résilients.

Pour commencer, il est crucial d'adopter un état d'esprit qui valorise l'apprentissage plutôt que la culpabilité. Lorsque nous commettons une erreur, il est naturel de ressentir de la frustration, de l'angoisse ou même de la honte. Cependant, ces émotions peuvent nous enfermer dans un cycle négatif et nous empêcher de progresser. Au lieu de cela, il est bénéfique de considérer l'erreur comme une opportunité d'apprentissage. En adoptant cette perspective, nous nous libérons de la pression d'être parfaits et nous nous donnons la permission de faire des erreurs.

L'un des premiers pas pour apprendre de ses erreurs consiste à faire une pause et à réfléchir sur ce qui s'est passé. Cela nécessite une certaine dose d'honnêteté envers soi-même. Prenez le temps d'analyser la situation sans jugement. Quelles décisions avez-vous prises ? Quelles étaient vos motivations ? Quelles circonstances ont contribué à cette erreur ? En explorant ces questions, vous pouvez commencer à comprendre les racines de votre erreur et comment éviter de commettre les mêmes erreurs à l'avenir.

Il est également important de reconnaître que l'erreur ne définit pas qui vous êtes. Beaucoup de gens tombent dans le piège de l'auto-critique après avoir échoué. Ils peuvent commencer à se voir comme des « perdants » ou des « incapables », ce qui peut sérieusement affecter leur estime de soi. Rappelez-vous que faire des erreurs ne fait pas de vous une mauvaise personne ; c'est un aspect normal du processus d'apprentissage. Pratiquez l'auto-compassion en vous parlant comme vous le feriez avec un ami cher. Dites-vous que tout le monde fait des erreurs et que cela fait partie du voyage.

Une autre étape cruciale est de transformer l'expérience d'échec en un enseignement concret. Prenez un moment pour écrire ce que vous avez appris de l'erreur. Cela peut être une leçon sur la patience, la communication, la gestion du temps ou même des compétences techniques. En documentant vos leçons, vous créez un référentiel auquel vous pouvez vous référer à l'avenir. Cela vous permet de garder à l'esprit que même les erreurs ont une valeur ajoutée, ce qui peut vous encourager à prendre des risques à l'avenir sans craindre de tomber dans le même piège.

Il est également utile de partager vos expériences avec d'autres. Parler de vos erreurs peut être libérateur. Cela peut également aider les autres à apprendre de vos expériences. En partageant vos leçons avec des amis, des collègues ou même dans un groupe de soutien, vous créez un espace d'apprentissage collectif où chacun peut bénéficier de l'expérience des autres. Ce partage renforce également les liens sociaux, car il favorise une communication ouverte et honnête.

L'un des aspects les plus importants de l'apprentissage à partir de ses erreurs est l'engagement à aller de l'avant. Une fois que vous avez tiré des leçons de votre erreur, il est essentiel de vous concentrer sur les actions à entreprendre pour progresser. Cela peut impliquer de définir de nouveaux objectifs, d'établir un plan d'action ou d'apprendre de nouvelles compétences. Par exemple, si vous avez échoué dans un projet au travail, demandez-vous ce que vous pouvez faire différemment la prochaine fois. Peut-être que cela signifie acquérir de nouvelles compétences ou demander l'aide d'un mentor. Le fait de se concentrer sur l'avenir plutôt que de s'attarder sur le passé vous permet de transformer l'échec en un tremplin vers de nouvelles réussites.

En parallèle, il est crucial de rester flexible et adaptable. Les chemins que nous choisissons ne sont pas toujours linéaires, et les erreurs peuvent souvent nous mener à des découvertes inattendues. Parfois, ce que nous percevons comme un échec peut ouvrir des portes que nous n'avions pas envisagées. Soyez ouvert aux opportunités qui se présentent à vous, même si elles découlent d'une situation difficile. Cette ouverture d'esprit vous permettra de développer des compétences et des expériences qui enrichiront votre vie.

Enfin, il est important de célébrer vos progrès, même les plus petits. Chaque fois que vous surmontez un obstacle ou que vous appliquez une leçon apprise d'une erreur, prenez le temps de reconnaître votre succès. Cela renforce votre motivation et vous rappelle que le chemin de l'apprentissage est un processus continu. En célébrant vos réussites, vous développez une attitude positive qui vous incitera à continuer à avancer.

En conclusion, apprendre de ses erreurs et aller de l'avant est un processus essentiel dans notre parcours de vie. En changeant notre perspective sur l'échec, en tirant des leçons de chaque expérience et en partageant notre savoir avec les autres, nous pouvons transformer des moments de déception en occasions de croissance. Chaque erreur est une étape vers le succès, et chaque leçon apprise nous rapproche de nos objectifs. Engagez-vous à adopter cette mentalité d'apprentissage, et vous découvrirez que même les échecs peuvent devenir des catalyseurs puissants pour votre développement personnel et professionnel.

Le Rôle de la Résilience dans la Pensée Positive

La résilience est souvent définie comme la capacité à se relever après une épreuve, à faire face aux difficultés et à se reconstruire. Dans le cadre de la pensée positive, la résilience joue un rôle fondamental. Elle nous permet non seulement de surmonter les défis, mais aussi de transformer ces expériences en opportunités de croissance. La résilience et la pensée positive ne sont pas seulement des concepts abstraits ; ce sont des compétences essentielles que chacun peut développer et renforcer.

Pour comprendre l'importance de la résilience dans la pensée positive, il est crucial de reconnaître que la vie est pleine d'incertitudes et de défis. Qu'il s'agisse de pertes personnelles, de revers professionnels ou de changements inattendus, chacun de nous est confronté à des moments difficiles. La manière dont nous réagissons à ces situations peut déterminer notre bien-être mental et émotionnel. Les personnes résilientes ont tendance à adopter une perspective plus positive face à l'adversité. Elles voient les difficultés comme des occasions d'apprendre plutôt que comme des obstacles insurmontables.

Un des aspects fondamentaux de la résilience est la capacité à gérer le stress. En période de tension, il est naturel de ressentir de l'anxiété ou de la frustration. Cependant, les individus résilients développent des stratégies pour gérer ces émotions. Cela peut inclure des techniques de relaxation, des exercices de respiration ou même des pratiques de pleine conscience. En apprenant à rester calme dans les moments difficiles, nous renforçons notre capacité à penser positivement. La gestion du stress ne consiste pas seulement à réagir à une situation, mais à anticiper les défis et à se préparer mentalement à les affronter.

Un autre élément clé de la résilience est l'établissement de relations solides et de réseaux de soutien. La solitude peut exacerber le stress et rendre les épreuves encore plus difficiles à surmonter. En cultivant des relations positives avec les amis, la famille et les collègues, nous créons un environnement de soutien qui nous aide à faire face aux défis. Les interactions sociales favorisent également un échange d'idées et d'expériences, ce qui peut enrichir notre perspective et nous rappeler que nous ne sommes pas seuls dans nos luttes.

La pensée positive elle-même est étroitement liée à la résilience. Cultiver une attitude positive ne signifie pas ignorer la réalité des situations difficiles, mais plutôt choisir de se concentrer sur les solutions plutôt que sur les problèmes. Les personnes résilientes adoptent une approche proactive, cherchant des moyens de surmonter les obstacles plutôt que de se laisser submerger par eux. Cela implique de se poser des questions constructives, telles que : « Qu'est-ce que je peux apprendre de cette situation ? » ou « Comment puis-je transformer ce défi en une opportunité de croissance ? ». Ces réflexions aident à réorienter notre attention vers les aspects positifs de l'expérience, renforçant ainsi notre capacité à faire face à l'adversité.

La résilience est également liée à la capacité de s'adapter au changement. La vie est en constante évolution, et ceux qui réussissent à s'adapter aux nouvelles circonstances développent une meilleure capacité à maintenir une attitude positive. Accepter que le changement fait partie de la vie nous permet de mieux gérer les incertitudes. Plutôt que de résister au changement, nous pouvons apprendre à l'embrasser et à trouver des opportunités au sein de ces transitions. Cette adaptabilité est un trait fondamental des personnes résilientes, et elle contribue à renforcer notre optimisme face à l'avenir.

Un aspect souvent négligé de la résilience est l'importance de l'autocompassion. Être résilient ne signifie pas être inébranlable ou insensible aux émotions. Au contraire, cela implique de se traiter avec bienveillance lorsque l'on fait face à des difficultés. La pratique de l'autocompassion nous permet de reconnaître nos émotions sans jugement, de nous accorder le droit d'éprouver de la douleur et de nous rappeler que l'échec fait partie du parcours. En nous montrant de la compassion, nous renforçons notre mentalité positive et nous nous donnons la force de rebondir après des échecs.

En intégrant ces éléments, nous pouvons construire notre résilience et, par conséquent, améliorer notre capacité à penser positivement. Cela nécessite un engagement actif et une volonté de grandir. Il est essentiel de se rappeler que la résilience n'est pas innée, mais plutôt une compétence que nous pouvons développer à travers nos expériences. Chaque défi surmonté renforce notre résilience et nous prépare à faire face à de futurs obstacles avec plus de confiance.

En conclusion, la résilience est un pilier central de la pensée positive. En apprenant à gérer le stress, à cultiver des relations de soutien, à adopter une attitude proactive face aux défis, à s'adapter au changement et à pratiquer l'autocompassion, nous pouvons renforcer notre capacité à rester positif dans les moments difficiles. La vie sera toujours pleine de défis, mais avec une résilience bien ancrée, nous pouvons aborder ces épreuves avec confiance et détermination. En transformant chaque échec en une occasion d'apprentissage, nous ouvrons la voie à une vie épanouissante et pleine de sens.

Chapitre 5 : La Science de la Visualisation Positive

Comprendre la Visualisation et son Impact sur l'Esprit

La visualisation est une technique puissante qui utilise l'imagination pour créer des images mentales de ce que l'on souhaite réaliser. Elle repose sur l'idée que nos pensées et nos perceptions influencent notre réalité. En apprenant à visualiser de manière efficace, nous pouvons non seulement améliorer notre concentration et notre motivation, mais également influencer notre état d'esprit et notre bien-être général.

Pour commencer, il est essentiel de comprendre comment fonctionne la visualisation. Le cerveau humain a une capacité remarquable à créer des images mentales basées sur nos expériences, nos souvenirs et nos désirs. Lorsque nous visualisons quelque chose, notre cerveau ne fait pas de distinction entre la réalité et notre imagination. Ainsi, lorsqu'une personne se visualise en train de réussir, par exemple, son cerveau active des circuits neuronaux similaires à ceux qui seraient activés si elle vivait réellement cette expérience. Cela crée une connexion profonde entre l'esprit et le corps, renforçant ainsi la conviction que le succès est possible.

La science derrière la visualisation positive a été largement étudiée et prouvée par de nombreuses recherches. Des études ont montré que les athlètes de haut niveau utilisent la visualisation pour améliorer leurs performances. Par exemple, des gymnastes et des coureurs se visualisent souvent en train de réaliser leurs routines avec succès avant même de les exécuter physiquement. Cette pratique leur permet de se familiariser mentalement avec les mouvements et de renforcer leur confiance en eux. De la même manière, la visualisation peut être appliquée à d'autres domaines de la vie, comme les affaires, l'éducation et même les relations interpersonnelles.

L'un des avantages les plus significatifs de la visualisation est sa capacité à renforcer la confiance en soi. Lorsque nous visualisons nos objectifs atteints, nous cultivons un sentiment de réussite et d'accomplissement. Cela peut aider à surmonter les doutes et les peurs qui nous retiennent souvent. Par exemple, si vous avez une présentation importante à faire, prendre quelques minutes pour vous imaginer en train de parler avec assurance devant votre public peut réduire votre anxiété et améliorer votre performance réelle. En vous visualisant comme un orateur compétent et convaincant, vous créez un état d'esprit positif qui se traduira par une meilleure performance.

En outre, la visualisation peut également être un outil efficace pour la gestion du stress. En période de tension, il est facile de se laisser submerger par des pensées négatives et des scénarios catastrophiques. Cependant, en prenant le temps de visualiser des résultats positifs, nous pouvons inverser ce schéma. Fermez les yeux et imaginez un endroit où vous vous sentez en sécurité et détendu, comme une plage ensoleillée ou une forêt paisible. Cette technique de visualisation peut aider à réduire l'anxiété et à promouvoir un état de calme intérieur.

Il est important de noter que pour que la visualisation soit efficace, elle doit être pratiquée régulièrement et de manière consciente. Consacrez quelques minutes chaque jour à cet exercice. Trouvez un endroit calme, fermez les yeux et concentrez-vous sur votre respiration. Ensuite, commencez à créer des images mentales de ce que vous souhaitez atteindre. Soyez spécifique dans vos visualisations : imaginez les détails, les sons, les sensations et même les émotions que vous ressentirez lorsque vous atteindrez votre objectif. Plus vos visualisations sont vivantes et détaillées, plus elles seront puissantes.

Un autre aspect fondamental de la visualisation est qu'elle peut être utilisée pour fixer des objectifs. En visualisant vos objectifs de manière claire et précise, vous créez une feuille de route mentale qui vous guide vers leur réalisation. Imaginez-vous non seulement en train d'atteindre vos objectifs, mais aussi en vivant la vie que vous souhaitez mener. Que ce soit dans votre carrière, vos relations ou votre santé, la visualisation vous permet de clarifier vos désirs et de vous concentrer sur ce qui est vraiment important pour vous.

La visualisation ne se limite pas seulement à des objectifs personnels. Elle peut également être utilisée pour améliorer les relations. Si vous avez un conflit avec quelqu'un, prenez un moment pour visualiser une interaction positive avec cette personne. Imaginez la conversation se dérouler de manière harmonieuse, avec une écoute attentive et une compréhension mutuelle. Cette pratique peut non seulement réduire votre anxiété liée à l'interaction, mais elle peut également influencer positivement le comportement de l'autre personne, car votre propre état d'esprit se reflète souvent dans vos interactions.

Il est également essentiel d'évoquer la puissance des affirmations positives en complément de la visualisation. Les affirmations sont des phrases courtes et positives que l'on répète pour renforcer notre confiance et notre motivation. Lorsque vous visualisez un objectif, associez-le à une affirmation positive. Par exemple, si vous visualisez votre réussite lors d'un entretien d'embauche, répétez-vous des affirmations comme « Je suis compétent et je mérite ce poste ». En combinant la visualisation avec des affirmations, vous renforcez encore plus votre engagement envers vos objectifs.

Enfin, il est important de garder à l'esprit que la visualisation est un outil qui fonctionne mieux lorsqu'il est intégré à une action concrète. Visualiser votre succès est un excellent premier pas, mais il est essentiel de passer à l'action pour concrétiser vos rêves. La visualisation peut vous fournir la motivation et la clarté nécessaires pour agir, mais sans effort réel, les résultats resteront des rêves. Établissez des étapes claires pour atteindre vos objectifs et utilisez la visualisation pour vous motiver à chaque étape du processus.

En conclusion, comprendre la visualisation et son impact sur l'esprit est une étape cruciale vers la création d'une vie plus positive et épanouissante. En utilisant cette technique, nous pouvons renforcer notre confiance, gérer le stress, fixer des objectifs et améliorer nos relations. La visualisation est un outil puissant qui, lorsqu'il est pratiqué régulièrement et avec intention, peut transformer nos rêves en réalité. Engagez-vous à intégrer la visualisation dans votre quotidien, et vous serez surpris de voir à quel point elle peut enrichir votre vie.

Techniques pour Visualiser des Objectifs Clairs

La visualisation est un outil puissant qui peut nous aider à atteindre nos objectifs en transformant nos aspirations en images mentales concrètes. Visualiser nos objectifs avec clarté permet non seulement de renforcer notre motivation, mais aussi d'orienter nos actions vers la réalisation de ces objectifs. Dans cette section, nous explorerons des techniques efficaces pour visualiser des objectifs clairs et comment intégrer ces pratiques dans votre vie quotidienne.

Pour commencer, il est essentiel de définir clairement vos objectifs. Avant de pouvoir les visualiser, vous devez savoir ce que vous souhaitez vraiment atteindre. Prenez le temps de réfléchir à vos aspirations, qu'elles soient professionnelles, personnelles, financières ou liées à votre bien-être. Soyez aussi spécifique que possible. Par exemple, au lieu de dire « je veux être en forme », formulez votre objectif de manière plus précise, comme « je veux courir un 5 km en moins de 30 minutes d'ici trois mois ». Cette clarté est la première étape pour une visualisation efficace.

Une fois que vous avez établi vos objectifs, la prochaine étape consiste à créer un espace propice à la visualisation. Choisissez un endroit calme où vous ne serez pas dérangé. Cela peut être un coin tranquille chez vous, un parc ou même un bureau. Créez une ambiance agréable en vous entourant d'objets qui vous inspirent, comme des photos, des citations motivantes ou des éléments qui évoquent vos objectifs. Cette préparation mentale et physique vous aidera à vous concentrer pleinement sur vos visualisations.

La visualisation proprement dite commence par la relaxation. Avant de plonger dans vos images mentales, prenez quelques instants pour vous détendre. Fermez les yeux et concentrez-vous sur votre respiration. Inspirez profondément par le nez, retenez votre souffle pendant un instant, puis expirez lentement par la bouche. Répétez ce cycle plusieurs fois jusqu'à ce que vous vous sentiez calme et centré. Cette relaxation est essentielle pour créer un état d'esprit réceptif à la visualisation.

Une fois que vous êtes détendu, commencez à visualiser vos objectifs. Imaginez-vous en train de les atteindre, de vivre le succès que vous désirez. Soyez aussi détaillé que possible. Quelles sensations éprouvez-vous ? Que voyez-vous autour de vous ? Quels sons entendez-vous ? Plus votre visualisation est vivante et immersive, plus elle sera efficace. Par exemple, si votre objectif est de donner une présentation, imaginez-vous sur scène, devant un public attentif, en train de parler avec confiance. Ressentez l'énergie positive de l'audience et la satisfaction qui vous envahit à mesure que vous partagez votre message.

Il est également bénéfique d'intégrer des émotions positives dans votre visualisation. En vous connectant émotionnellement à vos objectifs, vous renforcez votre motivation et votre détermination. Pensez aux émotions que vous ressentirez lorsque vous atteindrez votre objectif : la joie, la fierté, la paix intérieure. En associant ces émotions à vos visualisations, vous créez un puissant levier pour l'action. Par exemple, lorsque vous visualisez votre réussite, ressentez la fierté d'avoir travaillé dur et le bonheur de réaliser ce que vous avez toujours souhaité.

Un autre aspect important de la visualisation des objectifs est la répétition. Tout comme vous pratiqueriez une compétence pour vous améliorer, la visualisation nécessite une pratique régulière. Consacrez quelques minutes chaque jour à visualiser vos objectifs. Plus vous vous engagez dans cette pratique, plus elle deviendra naturelle et puissante. Vous pouvez également choisir des moments clés de la journée pour le faire, par exemple, le matin en vous levant ou le soir avant de dormir. Ces moments peuvent devenir des rituels qui renforcent votre engagement envers vos objectifs.

Il peut également être utile de créer un tableau de vision. Un tableau de vision est un collage d'images, de mots et de phrases qui représentent vos objectifs et vos aspirations. En utilisant des magazines, des photos et d'autres éléments visuels, créez un espace qui évoque vos rêves. Accrochez ce tableau dans un endroit visible, comme votre bureau ou votre chambre. Chaque fois que vous le regardez, cela renforcera votre intention de réaliser ces objectifs et nourrira votre visualisation quotidienne.

La technique de l'affirmation est également un complément puissant à la visualisation. Les affirmations sont des déclarations positives que vous pouvez répéter pour renforcer votre confiance en vous et votre détermination. En les intégrant à votre routine de visualisation, vous pouvez créer des synergies puissantes. Par exemple, après avoir visualisé votre succès, terminez par une affirmation telle que « Je mérite le succès et je suis capable d'atteindre mes objectifs ». Ces affirmations renforcent les messages positifs que vous vous envoyez et vous aident à surmonter les doutes et les peurs.

Il est essentiel de se rappeler que la visualisation n'est pas une solution magique, mais plutôt un outil qui fonctionne mieux en conjonction avec l'action. Bien que visualiser vos objectifs puisse renforcer votre motivation, il est tout aussi crucial de passer à l'action concrète. Établissez un plan d'action avec des étapes claires que vous pouvez suivre pour atteindre vos objectifs. Que ce soit en vous inscrivant à un cours, en établissant un calendrier ou en cherchant des mentors, chaque petite action compte. La visualisation prépare le terrain, mais c'est l'action qui crée des résultats tangibles.

Enfin, soyez patient et bienveillant avec vous-même. Atteindre des objectifs demande du temps et des efforts, et il est normal de rencontrer des obstacles en cours de route. La visualisation peut vous aider à garder votre vision claire, mais il est important de rester flexible et adaptable. Si vous faites face à des défis, utilisez ces moments comme des occasions d'apprentissage et ajustez votre approche si nécessaire. La route vers vos objectifs peut ne pas être linéaire, mais chaque pas que vous faites vous rapproche de votre vision.

En conclusion, visualiser des objectifs clairs est une compétence essentielle pour quiconque souhaite transformer ses rêves en réalité. En établissant des objectifs spécifiques, en créant un environnement propice à la visualisation, en pratiquant régulièrement et en associant des émotions positives, vous pouvez transformer vos aspirations en réalisations concrètes. Avec de la détermination et de la patience, la visualisation peut devenir un outil puissant dans votre arsenal pour atteindre le succès et vivre la vie que vous désirez.

Exercices de Visualisation pour Attirer le Succès

La visualisation est une technique puissante qui permet d'atteindre ses objectifs en créant des images mentales positives de ce que l'on souhaite réaliser. Dans le cadre de la réussite personnelle et professionnelle, des exercices de visualisation bien conçus peuvent devenir des outils précieux pour renforcer votre motivation, clarifier vos aspirations et vous rapprocher de vos objectifs. Dans cette section, nous allons explorer différents exercices de visualisation qui peuvent vous aider à attirer le succès dans votre vie.

Pour commencer, il est essentiel de définir clairement ce que le succès signifie pour vous. Le succès peut varier d'une personne à l'autre : pour certains, il s'agit de la réussite professionnelle, pour d'autres, cela peut être l'épanouissement personnel, des relations saines ou la santé physique. Prenez un moment pour réfléchir à vos propres définitions du succès. Écrivez ces définitions dans un carnet, en incluant des détails spécifiques. Par exemple, au lieu de simplement dire « je veux réussir dans ma carrière », précisez « je veux devenir chef de projet dans mon entreprise et diriger des équipes vers des résultats tangibles d'ici deux ans ». Cette clarté vous servira de base pour vos exercices de visualisation.

Une fois que vous avez établi vos objectifs, la première technique de visualisation consiste à créer une scène mentale vivante où vous vous voyez déjà en train de réussir. Trouvez un endroit calme où vous pouvez vous concentrer sans distractions. Fermez les yeux, respirez profondément et commencez à imaginer la situation dans laquelle vous avez atteint votre objectif. Visualisez les détails : où êtes-vous ? Qui est avec vous ? Quelles sensations éprouvez-vous ? Quelle est l'ambiance qui vous entoure ? Essayez de rendre cette visualisation aussi vivante et réaliste que possible. L'objectif est de ressentir les émotions positives qui accompagnent votre succès. Ce sentiment de réussite vous motivera à prendre des mesures concrètes vers votre objectif.

Un autre exercice puissant est la création d'un tableau de vision. Ce tableau est un collage d'images, de mots et de phrases qui représentent vos objectifs et vos rêves. Pour créer votre tableau de vision, rassemblez des magazines, des photos et d'autres éléments visuels qui évoquent ce que vous souhaitez attirer dans votre vie. Découpez les images et les mots qui résonnent avec vous et assemblez-les sur un tableau ou une toile. Placez ce tableau dans un endroit visible où vous pourrez le voir tous les jours. Chaque fois que vous le regardez, laissez votre esprit s'imprégner de ces visuels et rappelez-vous de vos aspirations. Cela vous aidera à garder votre objectif en tête et à renforcer votre engagement à travailler pour l'atteindre.

La méditation guidée est une autre technique efficace de visualisation pour attirer le succès. Vous pouvez trouver de nombreuses méditations guidées en ligne, spécifiquement conçues pour vous aider à visualiser vos objectifs. Asseyez-vous confortablement, écoutez la méditation et laissez-vous guider à travers un processus de visualisation structuré. Ces méditations vous encouragent à explorer votre avenir souhaité et à vous projeter dans des scénarios de succès. Cela peut être particulièrement puissant car ces enregistrements utilisent souvent des affirmations positives pour renforcer votre confiance et votre détermination.

En parallèle, il est également utile de pratiquer des affirmations pendant vos exercices de visualisation. Les affirmations sont des déclarations positives que vous répétez pour renforcer votre mentalité. Par exemple, si votre objectif est de réussir dans votre carrière, une affirmation pourrait être « Je suis capable de diriger avec confiance et d'inspirer les autres ». Combinez vos visualisations avec ces affirmations, en les répétant pendant que vous imaginez votre succès. Cela crée une synergie puissante qui renforce vos croyances et votre engagement envers vos objectifs.

Une autre approche consiste à utiliser la visualisation pour surmonter les obstacles potentiels. Pensez aux défis que vous pourriez rencontrer sur votre chemin vers le succès. Visualisez-vous en train de surmonter ces obstacles avec aisance et confiance. Par exemple, si vous redoutez un entretien d'embauche, imaginez-vous en train de répondre aux questions avec assurance, de faire bonne impression sur les recruteurs et de recevoir une offre d'emploi. En anticipant ces situations et en vous visualisant en train de les gérer avec succès, vous préparez votre esprit à réagir positivement lorsque ces défis se présentent réellement.

Il est également important d'intégrer la gratitude dans votre pratique de visualisation. Après avoir visualisé votre succès, prenez un moment pour exprimer de la gratitude pour ce que vous avez déjà accompli et pour les opportunités qui se présentent à vous. La gratitude renforce votre état d'esprit positif et vous aide à attirer davantage d'expériences positives dans votre vie. En reconnaissant et en célébrant vos réussites passées, même les plus petites, vous vous ouvrez à la possibilité de réaliser vos objectifs futurs.

Enfin, il est crucial de passer à l'action après avoir visualisé vos objectifs. La visualisation ne doit pas rester un exercice isolé ; elle doit être le catalyseur de l'action. Établissez un plan d'action détaillé en identifiant les étapes concrètes que vous devez suivre pour atteindre vos objectifs. Chaque petite action que vous entreprenez vous rapproche de votre vision. Par exemple, si vous souhaitez créer une entreprise, commencez par faire des recherches sur votre secteur, rédiger un plan d'affaires ou suivre une formation. En vous engageant activement dans votre parcours, vous renforcez l'impact de vos visualisations.

En conclusion, les exercices de visualisation sont des outils puissants pour attirer le succès dans votre vie. En définissant clairement vos objectifs, en créant des scènes mentales vivantes, en utilisant des tableaux de vision, en intégrant des affirmations et en anticipant les obstacles, vous pouvez renforcer votre motivation et votre confiance en vous. La visualisation est un processus qui nécessite de la pratique et de la patience, mais en l'intégrant régulièrement dans votre routine, vous serez en mesure de transformer vos rêves en réalités tangibles. Engagez-vous à visualiser vos objectifs et à passer à l'action, et vous découvrirez à quel point il est possible d'attirer le succès dans votre vie.

Intégrer la Visualisation dans la Vie Quotidienne

La visualisation est une technique puissante qui peut transformer notre manière de penser et d'agir. Elle ne se limite pas à des exercices isolés, mais peut être intégrée de manière fluide dans notre vie quotidienne pour nous aider à atteindre nos objectifs et à renforcer notre bien-être. Dans cette section, nous explorerons comment intégrer la visualisation dans divers aspects de notre vie quotidienne pour maximiser son impact.

Pour commencer, il est essentiel de créer des rituels de visualisation dans votre routine quotidienne. Cela signifie trouver des moments spécifiques au cours de la journée où vous pouvez vous consacrer à la visualisation. Cela peut être au réveil, avant de vous coucher ou pendant une pause au travail. L'important est de consacrer du temps à cette pratique de manière régulière. Par exemple, chaque matin, après vous être réveillé, vous pourriez consacrer cinq à dix minutes à visualiser vos objectifs pour la journée. Imaginez-vous en train de relever des défis et d'atteindre des résultats positifs. Cette routine peut vous aider à démarrer votre journée avec une mentalité axée sur le succès.

L'un des moyens les plus efficaces d'intégrer la visualisation dans votre quotidien est de la combiner avec des activités que vous réalisez déjà. Par exemple, si vous faites du sport, utilisez ce temps pour visualiser votre réussite. Imaginez-vous en train de courir un marathon ou de réussir un nouvel exercice de gym. Pendant que vous vous entraînez, concentrez-vous sur vos objectifs et sur le succès que vous souhaitez atteindre. Cela peut vous aider à vous motiver davantage et à améliorer vos performances.

De même, si vous êtes en train de travailler sur un projet ou de préparer une présentation, prenez un moment pour visualiser le résultat final. Avant de vous lancer dans votre tâche, fermez les yeux et imaginez-vous en train de réussir. Visualisez la réaction positive de vos collègues ou de votre public, ressentez la fierté de votre travail et la satisfaction de vos efforts. Cette préparation mentale peut non seulement renforcer votre confiance, mais aussi améliorer votre concentration et votre efficacité.

Un autre moyen d'intégrer la visualisation est de l'utiliser dans vos interactions sociales. Si vous vous apprêtez à rencontrer quelqu'un ou à participer à un événement, prenez quelques instants pour visualiser la rencontre. Imaginez-vous en train d'interagir avec les autres de manière positive et confiante. En vous projetant mentalement dans ces situations, vous vous préparez à agir avec assurance et à établir des relations positives.

La visualisation peut également être intégrée à des moments de détente. Par exemple, si vous prenez un bain ou que vous pratiquez la méditation, utilisez ce temps pour visualiser des aspects de votre vie que vous souhaitez améliorer. Imaginez votre avenir idéal, que ce soit sur le plan personnel, professionnel ou relationnel. En vous immergeant dans ces visualisations positives, vous renforcez votre connexion avec vos aspirations et cultivez un sentiment de calme et de bien-être.

Il est également bénéfique de créer un espace dédié à la visualisation. Cela peut être un coin tranquille de votre maison, décoré d'images inspirantes ou d'objets qui évoquent vos rêves. Avoir un espace spécifique où vous pouvez vous asseoir et vous concentrer sur vos visualisations peut renforcer votre engagement envers cette pratique. Chaque fois que vous entrez dans cet espace, votre esprit sera conditionné pour se détendre et se préparer à la visualisation.

La journalisation est une autre méthode puissante pour intégrer la visualisation dans votre vie quotidienne. Prenez l'habitude d'écrire vos visualisations, vos pensées et vos progrès. Créez un journal où vous pouvez noter vos objectifs, vos expériences de visualisation et les émotions que vous ressentez. Cela vous permettra non seulement de suivre votre évolution, mais aussi de clarifier vos pensées et de renforcer votre engagement envers vos aspirations. L'écriture a un pouvoir libérateur et vous aidera à mieux intégrer vos visualisations dans votre vie.

Un autre aspect à considérer est la visualisation des obstacles. Lorsque vous visualisez vos objectifs, il est également important de prévoir les défis que vous pourriez rencontrer. Imaginez-vous surmontant ces obstacles avec succès. Par exemple, si vous travaillez sur un projet et que vous anticipez des problèmes, visualisez-vous en train de trouver des solutions créatives et de surmonter les difficultés. Cette approche proactive renforce votre confiance en votre capacité à gérer les défis qui se présentent à vous.

En parallèle, associez vos visualisations à des affirmations positives. Par exemple, après avoir visualisé un objectif, terminez par une affirmation qui renforce votre détermination. Dites-vous des phrases comme « Je suis capable de réussir » ou « Je mérite de réaliser mes rêves ». Ces affirmations renforcent l'effet positif de vos visualisations et ancrent davantage votre mentalité de réussite.

Il est également essentiel d'évaluer régulièrement vos progrès. Prenez le temps de réfléchir à vos réalisations, même les petites victoires. Chaque succès, qu'il soit grand ou petit, mérite d'être célébré. Cela renforcera votre motivation et vous encouragera à continuer d'utiliser la visualisation pour atteindre de nouveaux objectifs. En vous concentrant sur vos progrès, vous cultivez une attitude positive qui facilite l'intégration de la visualisation dans votre quotidien.

Enfin, gardez à l'esprit que l'intégration de la visualisation dans votre vie quotidienne est un processus qui demande du temps et de la patience. Soyez ouvert aux ajustements et n'hésitez pas à modifier vos techniques en fonction de ce qui fonctionne le mieux pour vous. Chaque personne est unique, et il est important de trouver les méthodes qui résonnent avec votre style de vie et vos aspirations. En vous engageant à intégrer la visualisation dans votre quotidien, vous vous donnez les moyens de transformer vos rêves en réalité.

En conclusion, intégrer la visualisation dans la vie quotidienne est un processus enrichissant qui peut transformer votre façon d'aborder vos objectifs. En établissant des rituels, en utilisant des moments de votre routine, en créant un espace dédié, en pratiquant la journalisation et en célébrant vos succès, vous renforcez votre engagement envers vos aspirations. La visualisation devient alors un allié puissant pour attirer le succès dans tous les aspects de votre vie. Engagez-vous à faire de la visualisation une partie intégrante de votre quotidien, et vous découvrirez à quel point cette pratique peut enrichir votre existence.

Chapitre 6 : Pratiquer le Pardon et Lâcher Prise

Pourquoi le Pardon est Essentiel pour la Paix Intérieure

Le pardon est souvent perçu comme un acte noble, un geste de générosité envers ceux qui nous ont blessés. Cependant, il va bien au-delà de ce simple acte de clémence. Le pardon est un processus intérieur profond qui joue un rôle crucial dans notre bien-être émotionnel et notre paix intérieure. Apprendre à pardonner, que ce soit à soi-même ou aux autres, est essentiel pour libérer notre esprit des fardeaux du passé et vivre une vie plus épanouissante.

Pour comprendre l'importance du pardon, il est essentiel de reconnaître ce que signifie véritablement pardonner. Le pardon n'implique pas d'ignorer ou de minimiser la douleur que nous avons ressentie. Au contraire, il s'agit de faire face à cette douleur, de la reconnaître et de choisir de ne plus la laisser contrôler notre vie. Lorsque nous sommes en colère ou amers envers quelqu'un, nous maintenons une connexion émotionnelle négative qui peut affecter notre santé mentale et physique. Le pardon, en revanche, nous permet de couper ce lien et de nous libérer de l'emprise que les autres exercent sur nos émotions.

L'un des principaux obstacles au pardon est le besoin de justice ou de réparation. Souvent, nous avons l'impression que pour pardonner, il faut que l'autre personne s'excuse ou fasse amende honorable. Cependant, cette condition peut nous enfermer dans un cycle de ressentiment et de douleur. Le pardon est un choix que nous faisons pour nous-mêmes, indépendamment des actions des autres. C'est une façon de reprendre le pouvoir sur notre vie et de choisir la paix plutôt que le conflit. En choisissant de pardonner, nous prenons soin de notre bien-être et nous permettons à notre cœur de guérir.

Il est également important de souligner que le pardon n'est pas synonyme d'oubli. Oublier ce qui s'est passé peut nous exposer à de nouvelles blessures. Le pardon consiste plutôt à libérer la colère et la douleur associées à l'événement, tout en reconnaissant que cette expérience a eu lieu. Cela nous permet d'apprendre et de grandir à partir de nos expériences, sans être emprisonnés par elles. En effet, chaque épreuve que nous traversons peut devenir une leçon précieuse, et le pardon nous permet d'accéder à cette sagesse.

Dans le processus de pardon, il est essentiel d'accorder de la compassion à soi-même. Souvent, nous nous blâmons pour les blessures que nous avons subies ou pour les erreurs que nous avons commises. Apprendre à se pardonner est tout aussi crucial que de pardonner aux autres. En nous montrant de la compassion et en acceptant que nous sommes tous humains et faillibles, nous pouvons libérer nos cœurs du poids de la culpabilité. Le pardon envers soi-même nous permet de reconnaître notre propre valeur et de nous accorder le droit de guérir.

Le pardon est également étroitement lié à la paix intérieure. Lorsque nous portons en nous des rancœurs et des colères, nous créons un environnement mental et émotionnel toxique. Ce stress émotionnel peut se manifester sous différentes formes, telles que l'anxiété, la dépression ou même des problèmes de santé physique. En choisissant de pardonner, nous créons un espace de sérénité en nous. Ce processus nous aide à lâcher prise et à embrasser la paix, ce qui nous permet de vivre de manière plus authentique et alignée avec nos valeurs.

Un exercice utile pour pratiquer le pardon est d'écrire une lettre. Cela peut être une lettre adressée à quelqu'un qui vous a blessé, dans laquelle vous exprimez vos sentiments et, finalement, votre décision de pardonner. Vous n'êtes pas obligé d'envoyer cette lettre ; l'important est le processus d'expression de vos émotions. Cette technique vous permet de clarifier vos pensées et de prendre conscience des sentiments qui peuvent vous retenir. Si le pardon concerne un événement personnel, envisagez également d'écrire une lettre à vous-même, en vous permettant de reconnaître vos propres luttes et en vous engageant à avancer avec bienveillance.

La pratique de la méditation peut également favoriser le pardon. Prenez le temps de vous asseoir dans un endroit calme et de réfléchir à la personne ou à l'événement que vous souhaitez pardonner. Visualisez cette situation, ressentez les émotions qui en découlent, puis laissez ces émotions se dissiper. En vous concentrant sur la libération de ces sentiments négatifs, vous pouvez cultiver une attitude de paix et de compréhension. La méditation vous aide à créer un espace intérieur où le pardon peut fleurir.

En conclusion, le pardon est un acte essentiel pour atteindre la paix intérieure. Il nous permet de nous libérer des chaînes du passé et de vivre pleinement dans le présent. En choisissant de pardonner, nous prenons soin de notre bien-être émotionnel et nous faisons le choix d'embrasser la sérénité. Le processus de pardon peut être difficile, mais il est extrêmement gratifiant. En apprenant à pardonner, nous nous ouvrons à une vie remplie d'amour, de compréhension et d'harmonie. Engagez-vous à intégrer le pardon dans votre vie, et vous découvrirez à quel point cette pratique peut enrichir votre existence.

Techniques pour Se Pardonner et Pardonner aux Autres

Le pardon est une démarche essentielle pour retrouver la paix intérieure, que ce soit envers soi-même ou envers les autres. Il ne s'agit pas simplement d'un acte de générosité, mais d'un processus profond qui requiert réflexion, émotion et engagement. Apprendre à se pardonner et à pardonner aux autres est un chemin qui peut conduire à la guérison émotionnelle et à une vie plus épanouissante. Dans cette section, nous allons explorer différentes techniques qui vous aideront à traverser ce processus.

La première étape pour se pardonner est d'accepter ses erreurs. Nous sommes tous humains, et chacun d'entre nous commet des erreurs. Cependant, il est facile de tomber dans le piège de la culpabilité et de la honte. Prendre le temps de réfléchir à ce qui s'est passé est crucial. Reconnaissez vos sentiments, qu'ils soient de la colère, de la tristesse ou de la déception. Acceptez ces émotions comme une partie de votre expérience humaine. Cela peut prendre du temps, mais c'est essentiel pour avancer. Une fois que vous avez reconnu vos émotions, vous pouvez commencer à les traiter de manière constructive.

Une technique efficace pour se pardonner consiste à écrire une lettre à soi-même. Dans cette lettre, exprimez vos regrets et votre douleur, mais aussi votre désir de vous libérer de ce poids. Écrivez sur les leçons que vous avez apprises et sur les mesures que vous allez prendre pour éviter de répéter ces erreurs à l'avenir. Cette activité peut être libératrice et vous permettra de formaliser votre processus de pardon. Vous n'avez pas besoin d'envoyer cette lettre ; l'essentiel est de prendre conscience de vos sentiments et de prendre l'engagement de vous pardonner.

Il est également utile d'adopter une perspective de compassion envers soi-même. Nous avons souvent tendance à être nos pires critiques, mais il est important de traiter notre propre être avec gentillesse. Pratiquez l'auto-compassion en vous parlant de la même manière que vous parleriez à un ami cher. Dites-vous que vous méritez de vous pardonner et que chacun fait des erreurs. Parfois, se rappeler que vous êtes un être humain avec des défauts peut aider à alléger le fardeau que vous portez.

En ce qui concerne le pardon envers les autres, il est essentiel de reconnaître que le pardon ne signifie pas oublier ou excuser le comportement nuisible. Cela signifie plutôt choisir de ne plus laisser le passé affecter votre présent. L'une des premières étapes pour pardonner aux autres est de comprendre pourquoi ils ont agi de cette manière. Parfois, les gens agissent par ignorance ou en raison de leur propre souffrance. En tentant de comprendre le contexte de leurs actions, vous pouvez commencer à cultiver la compassion et l'empathie, ce qui facilitera le processus de pardon.

Une technique efficace pour pardonner aux autres est d'écrire une lettre de pardon, même si vous ne prévoyez pas de l'envoyer. Dans cette lettre, exprimez vos sentiments et décrivez comment l'action de cette personne vous a affecté. Ensuite, écrivez ce que vous ressentez maintenant et pourquoi vous souhaitez pardonner. Exprimer vos émotions sur papier peut vous aider à clarifier vos pensées et à vous libérer des ressentiments que vous portez. Vous pouvez également choisir de brûler la lettre comme symbole de votre volonté de laisser le passé derrière vous.

Prendre du temps pour visualiser le pardon peut également être une technique puissante. Imaginez-vous en train d'interagir avec la personne que vous devez pardonner. Visualisez la rencontre se déroulant dans un cadre positif, avec des échanges sincères et une compréhension mutuelle.

Cette visualisation peut vous aider à anticiper une interaction future de manière plus calme et positive, réduisant ainsi l'anxiété liée à cette rencontre.

Il est également important de prendre soin de votre bien-être émotionnel pendant ce processus. Le pardon est souvent un voyage difficile, et il est normal de ressentir des montagnes russes émotionnelles. Entourez-vous de personnes positives qui vous soutiennent dans votre cheminement. Parler à des amis ou à des proches de votre expérience peut offrir un soutien inestimable. Vous pourriez même envisager de rejoindre un groupe de soutien où vous pouvez partager vos défis et recevoir des conseils de ceux qui ont vécu des expériences similaires.

Le pardon est un acte de libération, tant pour vous-même que pour l'autre. En vous engageant à pardonner, vous vous libérez du poids des rancœurs et des ressentiments. Cela ne signifie pas que vous oubliez, mais cela signifie que vous choisissez de ne plus laisser ces émotions contrôler votre vie. Cela vous permet de vous concentrer sur l'avenir et de créer un espace pour de nouvelles expériences et de nouvelles relations.

N'oubliez pas que le pardon est un processus, et il peut prendre du temps. Soyez patient avec vous-même et avec les autres. Il est normal de ressentir des doutes ou de revenir sur certaines émotions. Ce qui est important, c'est de rester engagé dans votre cheminement et de continuer à travailler sur votre capacité à pardonner. Parfois, il peut être nécessaire de répéter ces techniques plusieurs fois avant de ressentir un véritable changement.

En conclusion, apprendre à se pardonner et à pardonner aux autres est un processus essentiel pour atteindre la paix intérieure. En utilisant des techniques telles que l'écriture, la visualisation et la compassion, vous pouvez vous libérer du fardeau des rancœurs et des regrets. Le pardon n'est pas seulement un acte généreux envers les autres, c'est également un cadeau que vous vous offrez à vous-même. Engagez-vous à faire du pardon une priorité dans votre vie, et vous découvrirez une nouvelle légèreté et une sérénité intérieure qui enrichiront votre existence.

Lâcher Prise sur le Ressentiment et Aller de l'Avant

Le ressentiment est une émotion complexe qui peut empoisonner notre existence et freiner notre épanouissement personnel. Il naît souvent d'une blessure émotionnelle, d'une trahison ou d'une injustice que nous avons subie. Cependant, s'accrocher à ce ressentiment ne fait qu'augmenter notre douleur et notre souffrance. Apprendre à lâcher prise est une étape cruciale pour retrouver la paix intérieure et avancer sereinement dans notre vie.

Pour commencer, il est essentiel de comprendre ce qu'est le ressentiment et pourquoi il est si difficile à surmonter. Le ressentiment est souvent accompagné de sentiments de colère, d'injustice et de frustration. Nous nous accrochons à ces émotions parce qu'elles nous donnent un sentiment de contrôle face à une situation que nous ne pouvons pas changer. En d'autres termes, maintenir ce ressentiment nous permet de rester liés à l'événement ou à la personne qui nous a fait du mal. Cependant, cette fixation nous empêche de vivre pleinement et de profiter de notre présent.

Le premier pas vers le lâcher-prise consiste à reconnaître et à accepter vos émotions. Ignorer ou réprimer le ressentiment ne fait qu'accroître la souffrance. Prenez le temps de réfléchir à la situation qui a provoqué ces sentiments. Écrivez ce que vous ressentez dans un journal. Décrivez la situation, vos émotions et l'impact que cela a eu sur vous. Cet exercice d'auto-réflexion vous permettra de prendre conscience de vos ressentiments et de les extérioriser, ce qui est essentiel pour commencer le processus de guérison.

Une fois que vous avez reconnu vos émotions, il est important de comprendre que le pardon ne signifie pas excuser les actions des autres, mais plutôt choisir de ne plus laisser ces actions contrôler votre vie. Le pardon est un acte de libération qui vous permet de reprendre le pouvoir sur vos émotions. Lorsque vous choisissez de pardonner, vous vous libérez des chaînes du ressentiment qui vous retiennent. Cela ne signifie pas que vous oubliez ce qui s'est passé, mais vous décidez de ne plus le laisser influencer votre bien-être.

Un exercice utile pour lâcher prise consiste à visualiser le ressentiment que vous portez comme une lourde pierre que vous tenez dans vos mains. Prenez un moment pour ressentir ce poids et cette pression. Ensuite, imaginez-vous en train de déposer cette pierre sur le sol et de vous éloigner. Visualisez-vous vous éloignant de cette pierre, laissant derrière vous le poids du ressentiment. Cela peut sembler simple, mais cet exercice symbolique peut avoir un impact profond sur votre état d'esprit.

Une autre technique efficace pour lâcher prise est d'adopter une attitude de gratitude. Au lieu de se concentrer sur ce que vous avez perdu ou sur les injustices que vous avez subies, essayez de réfléchir aux leçons que vous avez apprises de cette expérience. Chaque situation difficile peut nous enseigner quelque chose sur nous-mêmes, nos relations et notre manière de vivre. Notez trois choses pour lesquelles vous êtes reconnaissant, même si elles sont petites, et concentrez-vous sur ces aspects positifs. Cultiver la gratitude peut vous aider à changer votre perspective et à réduire l'impact du ressentiment sur votre vie.

Il est également essentiel de se rappeler que lâcher prise ne signifie pas que vous abandonnez la justice ou que vous minimisez votre douleur. Il s'agit d'un choix délibéré de ne pas laisser les actions des autres définir qui vous êtes. En choisissant de lâcher prise, vous prenez le contrôle de votre vie et de votre bonheur. Vous méritez de vivre sans le poids des rancunes qui vous freinent.

Le lâcher-prise est également un processus qui nécessite de la pratique et de la patience. Vous ne pourrez peut-être pas tout laisser derrière vous du jour au lendemain. C'est un chemin qui demande du temps et de l'engagement. Soyez bienveillant envers vous-même et reconnaissez que chaque étape que vous franchissez vers la libération est un pas en avant. Chaque jour, prenez quelques instants pour vous rappeler votre intention de lâcher prise et pour renforcer votre engagement envers ce processus.

Un autre aspect important du lâcher-prise est la connexion avec soi-même. Prendre le temps de se connaître, d'explorer ses besoins et ses désirs profonds est essentiel. La méditation, le yoga ou même des promenades en pleine nature peuvent vous aider à vous reconnecter avec vous-même et à trouver la paix intérieure. En vous accordant du temps pour vous recentrer, vous développez une plus grande résilience face aux défis de la vie.

Enfin, n'oubliez pas de demander du soutien lorsque vous en avez besoin. Parler de vos sentiments avec des amis, des membres de votre famille ou même un professionnel peut être incroyablement bénéfique. Ils peuvent vous offrir des perspectives nouvelles et vous aider à voir la situation sous un autre angle. Ne sous-estimez jamais la puissance du soutien social dans votre cheminement vers le lâcher-prise.

En conclusion, lâcher prise sur le ressentiment est un processus essentiel pour retrouver la paix intérieure et aller de l'avant. En reconnaissant vos émotions, en choisissant de pardonner, en visualisant le lâcher-prise et en cultivant la gratitude, vous pouvez vous libérer des chaînes qui vous retiennent. Ce chemin nécessite du temps et de la patience, mais il offre la promesse d'une vie plus épanouissante et sereine. Engagez-vous à lâcher prise, et vous découvrirez que cette liberté vous permet de vivre pleinement et d'embrasser chaque moment avec un cœur léger.

Les Bénéfices Émotionnels du Pardon et de la Libération

Le pardon et la libération des émotions négatives sont des éléments essentiels pour atteindre un état de bien-être émotionnel. Lorsque nous nous accrochons à la colère, au ressentiment ou à la douleur causée par les actions des autres, nous nous infligeons une souffrance supplémentaire. Apprendre à pardonner et à se libérer de ces fardeaux peut transformer notre vie, nous permettant de vivre avec une plus grande sérénité et un plus grand bonheur. Dans cette section, nous explorerons les nombreux bénéfices émotionnels associés au pardon et à la libération.

L'un des principaux avantages du pardon est qu'il nous libère des chaînes du passé. Lorsque nous choisissons de pardonner, nous faisons le choix conscient de ne plus laisser les actions des autres nous affecter. Ce processus de libération est essentiel pour retrouver notre paix intérieure. Les émotions négatives, comme la colère ou l'amertume, peuvent créer un stress immense dans notre corps et notre esprit. En nous libérant de ces sentiments, nous faisons de la place pour des émotions plus positives, comme la joie, la gratitude et l'amour.

Le pardon contribue également à améliorer notre santé mentale. De nombreuses études ont montré que les personnes qui pratiquent le pardon éprouvent moins d'anxiété, de dépression et de stress. En revanche, le ressentiment et la colère peuvent mener à des problèmes de santé mentale et physique. En choisissant de pardonner, nous prenons soin de notre santé psychologique et nous favorisons un état d'esprit positif. Cela peut également avoir des répercussions sur notre bien-être physique, car le stress émotionnel peut se manifester par des symptômes physiques, tels que des douleurs chroniques ou des troubles cardiaques.

Le pardon et la libération favorisent également des relations interpersonnelles plus saines. Lorsque nous sommes capables de pardonner, nous nous ouvrons à la possibilité de reconstruire des liens et de rétablir des connexions avec les autres. Cela peut être particulièrement important dans les relations personnelles, qu'il s'agisse d'amis, de membres de la famille ou de partenaires. En pratiquant le pardon, nous montrons que nous sommes prêts à laisser derrière nous les blessures du passé et à avancer vers une relation plus authentique et plus positive.

De plus, le pardon peut renforcer notre capacité à empathiser avec les autres. Lorsque nous choisissons de pardonner, nous reconnaissons que chacun est humain et faillible. Cela nous permet de développer une meilleure compréhension des motivations et des luttes des autres. En cultivant l'empathie, nous enrichissons notre expérience humaine et renforçons notre capacité à créer des relations significatives. Le pardon devient alors un acte de compassion qui nous rapproche des autres, plutôt qu'un acte isolé.

Il est également important de souligner que le pardon n'est pas seulement un don que nous faisons aux autres, mais un cadeau que nous nous offrons à nous-mêmes. En nous libérant du ressentiment, nous nous permettons d'avancer sans être entravés par des émotions négatives. Cela crée un espace de croissance personnelle et d'épanouissement. Nous commençons à nous concentrer sur ce qui est important dans notre vie et à nous engager dans des actions qui nourrissent notre bonheur et notre bien-être.

Une autre facette des bénéfices émotionnels du pardon est l'augmentation de la résilience. La résilience est notre capacité à rebondir après des épreuves. Lorsque nous pratiquons le pardon, nous renforçons notre capacité à faire face aux défis de la vie. Nous apprenons à ne pas nous laisser abattre par les déceptions ou les blessures, mais à les considérer comme des occasions d'apprendre et de grandir. Cette mentalité de résilience nous prépare à accueillir les imprévus avec ouverture et courage.

Le lâcher-prise des émotions négatives grâce au pardon est aussi un pas vers l'auto-acceptation. En acceptant nos erreurs et celles des autres, nous créons un environnement intérieur propice à l'amour de soi. Cette acceptation de soi est essentielle pour développer une image positive de soi et renforcer notre estime personnelle. Lorsque nous nous pardonnons et acceptons notre humanité, nous nous libérons des attentes irréalistes et de la pression de la perfection. Cela nous permet de vivre de manière plus authentique et de nous embrasser dans notre intégralité.

Pour intégrer le pardon et la libération dans notre vie quotidienne, il est utile de développer des pratiques de gratitude. La gratitude nous aide à nous concentrer sur les aspects positifs de notre vie et à apprécier les moments de bonheur, même au milieu des difficultés. En reconnaissant ce que nous avons, nous cultivons un état d'esprit positif qui facilite le processus de pardon. Prenez l'habitude de noter chaque jour quelques éléments pour lesquels vous êtes reconnaissant, cela peut être un moment de joie partagé avec un ami, une réussite personnelle ou simplement une belle journée.

En conclusion, les bénéfices émotionnels du pardon et de la libération sont vastes et variés. En choisissant de pardonner, nous nous libérons du poids du passé, améliorons notre santé mentale et physique, renforçons nos relations et cultivons l'empathie. Le pardon est un acte puissant qui favorise la paix intérieure et nous permet d'avancer avec confiance. Engagez-vous à pratiquer le pardon dans votre vie, et vous découvrirez une nouvelle légèreté et une joie profonde qui transformeront votre existence. Chaque pas vers le pardon est un pas vers un avenir plus lumineux et épanouissant.

Chapitre 7 : Construire une Image de Soi Positive

Le Lien entre l'Image de Soi et le Succès Personnel

L'image de soi est un concept central qui influence profondément notre vie, nos décisions et, par conséquent, notre succès personnel. Elle se définit comme la perception que nous avons de nous-mêmes, incluant nos croyances, nos sentiments et nos pensées sur nos capacités, notre apparence et notre valeur en tant qu'individu. Cette image de soi peut être positive ou négative, et son impact sur notre vie est indéniable. Dans cette section, nous allons explorer comment une image de soi positive peut devenir un catalyseur puissant pour atteindre le succès.

Pour commencer, il est essentiel de comprendre que l'image de soi est souvent façonnée par nos expériences passées, notre éducation et les messages que nous avons reçus de notre environnement. Les compliments et les critiques, les réussites et les échecs contribuent tous à construire cette image interne. Lorsque nous sommes entourés de personnes qui nous encouragent et nous valorisent, nous avons tendance à développer une image de soi positive. À l'inverse, les critiques constantes ou le manque de soutien peuvent engendrer des doutes et une perception déformée de notre valeur. Il est donc crucial d'être conscient des influences extérieures qui peuvent affecter notre image de soi.

Une image de soi positive joue un rôle clé dans la manière dont nous abordons les défis de la vie. Lorsque nous croyons en nous-mêmes et en nos capacités, nous sommes plus enclins à prendre des risques, à saisir des opportunités et à persévérer face aux obstacles. Par exemple, un étudiant qui a confiance en ses compétences académiques sera plus susceptible de participer activement en classe, de demander de l'aide lorsque nécessaire et de s'engager dans des projets qui peuvent le mener à un avenir prometteur. À l'opposé, une personne ayant une faible image de soi peut éviter ces mêmes opportunités par peur de l'échec ou du jugement des autres.

Le lien entre l'image de soi et la motivation est également significatif. Une image de soi positive alimente la motivation intrinsèque, celle qui vient de l'intérieur. Lorsque nous nous percevons comme compétents et dignes de réussite, nous sommes plus susceptibles de poursuivre nos objectifs avec passion et détermination. Cette motivation intérieure est un moteur puissant qui nous pousse à surmonter les difficultés et à rester concentrés sur nos aspirations. En revanche, une image de soi négative peut engendrer un manque de motivation, de l'apathie ou même une tendance à abandonner facilement face aux défis.

Il est aussi important de mentionner l'impact de l'image de soi sur la résilience. La résilience est notre capacité à rebondir après des échecs ou des difficultés. Les personnes qui possèdent une image de soi positive ont tendance à être plus résilientes, car elles voient les revers comme des occasions d'apprentissage plutôt que comme des échecs définitifs. Elles sont capables de garder une perspective positive et de s'adapter aux circonstances changeantes. Par exemple, un entrepreneur qui fait face à un échec commercial peut se dire qu'il s'agit d'une expérience précieuse, lui permettant d'affiner ses compétences et d'améliorer sa stratégie pour l'avenir. En cultivant une image de soi positive, nous renforçons notre capacité à rebondir et à apprendre de nos expériences.

Pour développer une image de soi positive, il est essentiel de pratiquer l'auto-affirmation. Cela implique de se parler positivement et de reconnaître nos réussites, même les plus petites. Tenez un journal où vous notez vos réalisations quotidiennes, vos compétences et vos qualités positives. Cette pratique aide à contrer les pensées négatives et à renforcer notre confiance en nous. De plus, lorsque vous faites face à des doutes ou à des critiques, rappelez-vous les succès passés et les moments où vous avez fait preuve de courage et de détermination. Cela permet de nourrir votre image de soi et de vous rappeler votre valeur intrinsèque.

Un autre moyen efficace de construire une image de soi positive est de s'entourer de personnes qui nous soutiennent. Les relations saines et encourageantes sont cruciales pour renforcer notre perception de nous-mêmes. Recherchez des amis et des mentors qui croient en vous et qui vous motivent à atteindre vos objectifs. Ces interactions peuvent agir comme des miroirs, reflétant une image de vous-même qui est positive et inspirante. Évitez autant que possible les personnes toxiques ou celles qui vous rabaissent, car elles peuvent nuire à votre confiance en vous.

La visualisation est également une technique puissante pour renforcer l'image de soi. Prenez le temps chaque jour de vous imaginer en train de réussir, que ce soit dans votre vie professionnelle, personnelle ou académique. Visualisez-vous en train d'atteindre vos objectifs, de surmonter des défis et d'obtenir la reconnaissance que vous méritez. Cette pratique aide à ancrer des croyances positives dans votre esprit et à influencer vos actions dans la vie réelle.

En conclusion, l'image de soi et le succès personnel sont intimement liés. Une image de soi positive favorise la motivation, la résilience et la capacité à surmonter les défis. En cultivant cette image à travers des pratiques d'auto-affirmation, en s'entourant de personnes positives et en utilisant la visualisation, nous pouvons transformer notre perception de nous-mêmes et, par conséquent, notre vie. Engagez-vous à travailler sur votre image de soi, car cela vous ouvrira la voie à un avenir épanouissant et réussi. Rappelez-vous que vous méritez le succès et que chaque pas vers une image de soi positive est un pas vers une vie pleine de possibilités.

Techniques pour Renforcer l'Estime de Soi et la Confiance

L'estime de soi et la confiance en soi sont des piliers essentiels de notre bien-être émotionnel et de notre réussite personnelle. Une estime de soi saine nous permet de croire en nos capacités, de nous sentir dignes d'amour et de respect, et d'affronter les défis de la vie avec assurance. Cependant, de nombreuses personnes luttent avec des sentiments d'insécurité et d'inadéquation. Heureusement, il existe des techniques efficaces pour renforcer l'estime de soi et la confiance. Dans cette section, nous allons explorer plusieurs de ces stratégies.

Pour commencer, il est fondamental de reconnaître que l'estime de soi est souvent influencée par nos pensées et nos croyances intérieures. Beaucoup de gens portent en eux des voix critiques qui sapent leur confiance. Cela peut provenir de critiques passées, de comparaisons sociales ou d'attentes irréalistes. La première étape pour renforcer l'estime de soi consiste à prendre conscience de ces pensées négatives. Commencez par tenir un journal dans lequel vous notez vos pensées et vos émotions. Lorsque vous identifiez une pensée critique, interrogez-vous : est-elle vraiment fondée ? Qui l'a formulée ? Cela vous aidera à prendre du recul et à évaluer la véracité de ces croyances.

Une technique efficace pour contrer ces pensées négatives est la pratique de l'auto-affirmation. Les affirmations positives sont des déclarations simples et puissantes que vous répétez pour renforcer votre confiance et votre valeur personnelle. Par exemple, commencez votre journée en vous disant des phrases comme « Je suis capable », « Je mérite le succès » ou « Je suis digne d'amour et de respect ». Répétez ces affirmations devant un miroir chaque matin. Cette pratique peut sembler banale au départ, mais avec le temps, elle peut profondément influencer votre état d'esprit et renforcer votre estime de soi.

Il est également important de célébrer vos réussites, même les plus petites. Prenez l'habitude de reconnaître et de valoriser vos réalisations quotidiennes. Que ce soit d'avoir terminé un projet au travail, d'avoir pris soin de vous-même ou d'avoir aidé un ami, chaque accomplissement mérite d'être célébré. Créez un « tableau des succès » où vous pouvez afficher vos réalisations, vos notes de remerciement ou des mots d'encouragement. Cela vous rappellera constamment vos capacités et vous encouragera à continuer d'avancer.

La pratique de la gratitude joue également un rôle crucial dans le renforcement de l'estime de soi. En prenant le temps de réfléchir aux choses pour lesquelles vous êtes reconnaissant, vous développez un état d'esprit positif. Établissez un rituel quotidien de gratitude en notant trois choses pour lesquelles vous êtes reconnaissant chaque jour. Cela peut être aussi simple qu'un bon repas, un moment de rire avec un ami ou une belle journée ensoleillée. En vous concentrant sur le positif, vous détournez votre attention des pensées négatives et vous commencez à voir la valeur de votre existence.

Un autre aspect essentiel pour renforcer la confiance en soi est de sortir de sa zone de confort. Souvent, nous avons tendance à rester dans des situations familières qui nous rassurent, mais cela peut également nous empêcher de grandir. Identifiez des situations qui vous mettent mal à l'aise et commencez à y faire face progressivement. Cela peut être de parler en public, de prendre la parole lors d'une réunion ou d'essayer un nouveau loisir. Chaque fois que vous surmontez une peur, même petite, vous construisez votre confiance et votre résilience.

Le soutien social est également un élément clé pour renforcer l'estime de soi. Entourez-vous de personnes positives qui vous encouragent et vous soutiennent. Les relations saines peuvent servir de miroir, vous aidant à voir votre valeur à travers les yeux des autres. Partagez vos objectifs et vos réussites avec des amis de confiance ou des membres de la famille. Leur soutien peut vous apporter un réconfort inestimable et vous rappeler que vous n'êtes pas seul dans votre parcours.

La visualisation est une technique puissante que vous pouvez également utiliser pour renforcer la confiance en vous. Prenez quelques minutes chaque jour pour vous imaginer dans des situations où vous réussissez. Visualisez-vous en train de parler avec assurance lors d'une présentation ou de remporter un prix. Plongez-vous dans ces scénarios en ressentant les émotions positives qui en découlent. La visualisation aide à préparer votre esprit à vivre ces expériences dans la réalité, renforçant ainsi votre confiance et votre estime de soi.

Enfin, n'oubliez pas que la confiance en soi est un voyage continu. Soyez patient avec vous-même et reconnaissez que chaque progrès, même minime, mérite d'être célébré. Acceptez que vous aurez des hauts et des bas, mais restez engagé dans votre cheminement. En continuant à pratiquer ces techniques, vous vous rapprocherez d'une image de vous-même plus positive et d'une confiance en vous plus solide.

En conclusion, renforcer l'estime de soi et la confiance est un processus enrichissant qui demande du temps et de la pratique. En utilisant des techniques telles que l'auto-affirmation, la célébration des réussites, la gratitude, l'élargissement de votre zone de confort, le soutien social et la visualisation, vous pouvez transformer votre perception de vous-même. Engagez-vous à investir dans votre développement personnel, et vous découvrirez une nouvelle confiance qui vous permettra de poursuivre vos rêves avec détermination. L'estime de soi n'est pas seulement une question d'apparence ou de réussite, mais plutôt un état d'esprit qui vous permet d'être authentique et de vivre pleinement.

Surmonter l'Auto-Critique et les Pensées Limitantes

L'auto-critique et les pensées limitantes sont deux obstacles majeurs qui peuvent entraver notre épanouissement personnel et notre réussite. Ils se manifestent souvent par des croyances négatives que nous entretenons sur nous-mêmes, des doutes persistants concernant nos capacités et une tendance à nous juger sévèrement. Cependant, il est possible de surmonter ces barrières mentales et de cultiver une mentalité plus positive et constructive. Dans cette section, nous explorerons des stratégies pour surmonter l'auto-critique et les pensées limitantes afin de libérer votre potentiel.

Pour commencer, il est essentiel de reconnaître et de comprendre ce qu'est l'auto-critique. L'auto-critique est cette voix intérieure qui nous dit que nous ne sommes pas assez bons, que nous allons échouer ou que nous ne méritons pas de réussir. Cette voix peut être le résultat d'expériences passées, de normes sociétales ou des critiques que nous avons reçues au fil des ans. Il est important de se rappeler que cette voix n'est pas la vérité, mais plutôt une construction mentale qui peut être remise en question. La première étape pour surmonter l'auto-critique consiste à en prendre conscience et à la nommer. Lorsque vous vous surprenez à vous auto-critiquer, arrêtez-vous un moment et demandez-vous : « Est-ce que je parlerais ainsi à un ami ? » Ce simple exercice peut vous aider à prendre du recul et à évaluer la validité de vos pensées.

Une fois que vous avez identifié l'auto-critique, il est temps de la remplacer par des pensées plus positives. Cela peut impliquer de reformuler les critiques que vous vous adressez. Par exemple, au lieu de penser « Je ne suis pas assez bon pour réussir », essayez de reformuler cela en « Je fais de mon mieux et j'apprends à chaque étape du chemin ». Cette technique de reformulation vous permet de vous concentrer sur vos efforts et vos progrès, plutôt que sur vos défauts perçus. La pratique régulière de cette technique peut transformer votre dialogue intérieur et renforcer votre estime de soi.

Une autre stratégie efficace pour surmonter les pensées limitantes consiste à remettre en question leur validité. Prenez le temps d'examiner les croyances qui vous freinent. Par exemple, si vous pensez que vous ne pouvez pas changer de carrière parce que vous êtes trop âgé, demandez-vous : « Quelles preuves ai-je pour soutenir cette pensée ? » Souvent, vous constaterez que vos croyances ne reposent sur aucune base solide, mais plutôt sur des peurs irrationnelles. En identifiant ces pensées limitantes, vous pouvez commencer à les déconstruire et à les remplacer par des croyances plus empowerantes.

La pratique de l'auto-compassion est également cruciale pour surmonter l'auto-critique. L'auto-compassion consiste à se traiter avec la même bienveillance et la même compréhension que l'on offrirait à un ami. Lorsque vous faites face à des échecs ou à des défis, rappelez-vous que l'imperfection fait partie de l'expérience humaine. Accordez-vous le droit à l'erreur et reconnaissez que chacun fait des erreurs. Cultiver cette bienveillance envers soi-même peut réduire considérablement les niveaux d'auto-critique et vous aider à vous sentir plus en paix avec vous-même.

En parallèle, il est utile d'établir des objectifs réalistes et atteignables. Les pensées limitantes peuvent souvent émerger lorsque nous fixons des objectifs inaccessibles. Par exemple, si vous aspirez à devenir un expert dans un domaine en un temps record, il est probable que vous ressentiez de la frustration et de l'auto-critique en raison de vos attentes irréalistes.

Au lieu de cela, établissez des objectifs à court terme qui sont spécifiques, mesurables et atteignables. En célébrant les petites victoires, vous renforcez votre confiance et créez un cercle vertueux de succès.

La visualisation est une autre technique puissante pour surmonter les pensées limitantes. Prenez quelques instants chaque jour pour vous imaginer en train de réussir. Visualisez-vous en train de surmonter des obstacles et d'atteindre vos objectifs. Pendant que vous vous concentrez sur ces images positives, laissez-vous imprégner des émotions qui en découlent. Cette pratique renforce votre croyance en vos capacités et vous aide à vous projeter dans un avenir où vous êtes capable de réaliser vos aspirations.

Il est également bénéfique de s'entourer de personnes positives et inspirantes. Les relations sociales jouent un rôle crucial dans notre perception de nous-mêmes. Évitez les personnes qui nourrissent vos doutes et qui alimentent votre auto-critique. Cherchez plutôt des amis, des mentors ou des groupes de soutien qui vous encouragent et vous motivent. Leurs encouragements peuvent servir de bouclier contre les pensées limitantes et vous aider à renforcer votre confiance.

Enfin, pratiquez la pleine conscience pour vous ancrer dans le moment présent. La pleine conscience consiste à porter attention à vos pensées, vos émotions et vos sensations corporelles sans jugement. En vous exerçant à la pleine conscience, vous pouvez prendre conscience des pensées limitantes et des critiques intérieures sans vous y attacher. Cette prise de conscience vous permet de créer un espace entre vous et vos pensées, vous aidant à choisir celles que vous souhaitez nourrir et celles que vous souhaitez laisser passer.

En conclusion, surmonter l'auto-critique et les pensées limitantes est un processus qui demande du temps et de l'engagement, mais il est essentiel pour atteindre votre plein potentiel. En prenant conscience de vos pensées, en pratiquant l'auto-compassion, en établissant des objectifs réalistes et en vous entourant de soutien positif, vous pouvez transformer votre dialogue intérieur et renforcer votre confiance en vous. Engagez-vous à pratiquer ces techniques et observez comment votre perception de vous-même change progressivement, vous ouvrant la voie à une vie plus épanouissante et réussie.

L'Importance d'Être son Propre Meilleur Ami

Dans notre quête de bonheur et de succès, il est facile de se concentrer sur les relations avec les autres, tout en négligeant la relation la plus fondamentale que nous avons : celle avec nous-mêmes. Être son propre meilleur ami est essentiel pour cultiver une image de soi positive, renforcer notre confiance en nous et vivre une vie épanouissante. Cette amitié intérieure nous permet de naviguer dans les hauts et les bas de la vie avec résilience et compassion. Dans cette section, nous allons explorer pourquoi il est crucial d'être son propre meilleur ami et comment y parvenir.

Pour commencer, qu'est-ce que cela signifie vraiment d'être son propre meilleur ami ? Cela implique d'apporter à soi-même la même gentillesse, le même soutien et la même compréhension que nous offririons à un ami proche. Lorsque nous faisons face à des défis, à des échecs ou à des moments de doute, il est crucial de se traiter avec compassion et respect, au lieu de se juger sévèrement. Trop souvent, nous sommes notre pire critique, laissant les pensées négatives nous envahir et miner notre confiance. En apprenant à parler à nous-mêmes avec bienveillance, nous créons un espace intérieur plus positif et accueillant.

Une des premières étapes pour devenir votre propre meilleur ami est de développer une conscience de soi. Cela signifie prendre le temps d'explorer vos pensées, vos émotions et vos comportements. Tenez un journal pour noter vos réflexions quotidiennes, vos réussites et même vos défis. Cela vous aidera à identifier des schémas de pensée négatifs et à prendre conscience de vos réactions face aux situations. Une fois que vous aurez une meilleure compréhension de vous-même, vous pourrez commencer à modifier vos pensées et à les transformer en affirmations positives.

Il est également essentiel de pratiquer l'auto-affirmation. Au lieu de laisser les critiques intérieures dominer, engagez-vous à vous parler de manière positive. Par exemple, lorsque vous vous surprenez à penser « Je ne suis pas assez bon » ou « Je vais échouer », arrêtez-vous et reformulez ces pensées. Dites-vous plutôt « Je fais de mon mieux et chaque jour je m'améliore ». Répéter des affirmations positives quotidiennement renforcera votre estime de soi et vous aidera à développer une image plus positive de vous-même.

Un autre aspect fondamental de cette amitié intérieure est l'acceptation de soi. Il est important de reconnaître que personne n'est parfait. Nous avons tous des défauts et des imperfections. Apprendre à accepter ces imperfections et à les considérer comme des aspects normaux de l'humanité est crucial pour cultiver l'auto-compassion. Lorsque vous vous acceptez tel que vous êtes, vous libérez de la pression sur vos épaules et vous vous permettez d'être authentique. Cela crée un espace où vous pouvez grandir et évoluer sans la peur constante du jugement.

Prendre soin de soi est également une composante essentielle d'une amitié saine avec soi-même. Cela signifie prioriser vos besoins, qu'ils soient physiques, émotionnels ou mentaux. Accordez-vous du temps pour faire des activités qui vous apportent de la joie et du bonheur. Que ce soit lire, pratiquer un sport, passer du temps dans la nature ou simplement méditer, ces moments sont cruciaux pour nourrir votre esprit et votre corps. En intégrant ces activités dans votre routine, vous renforcez le lien que vous avez avec vous-même et montrez à votre esprit que vous méritez de prendre soin de vous.

Un aspect souvent négligé de l'amitié intérieure est l'importance de se fixer des limites. Apprendre à dire non lorsque c'est nécessaire est un acte de respect envers soi-même. Cela peut impliquer de protéger votre temps, votre énergie et votre santé mentale. En établissant des limites claires avec les autres, vous démontrez que vous valorisez votre bien-être et que vous êtes prêt à vous défendre. Être son propre meilleur ami signifie également se donner la permission de se retirer des situations ou des relations qui sont néfastes pour votre santé mentale.

La pratique de la pleine conscience peut également renforcer votre relation avec vous-même. Prendre le temps de se recentrer, d'observer vos pensées et vos émotions sans jugement vous aide à mieux comprendre vos réactions et vos sentiments. La méditation et les exercices de respiration sont d'excellents moyens de cultiver la pleine conscience. En vous accordant ce moment de calme, vous pouvez développer une connexion plus profonde avec vous-même, apprendre à apprécier le moment présent et réduire le stress.

De plus, n'oubliez pas d'être indulgent envers vous-même. Tout le monde fait des erreurs, et il est essentiel de comprendre que l'échec fait partie intégrante du parcours de la vie. Lorsque vous commettez une erreur, essayez de vous traiter comme vous le feriez avec un ami. Offrez-vous la même compréhension et le même soutien que vous donneriez à quelqu'un que vous aimez. Cela favorise non seulement votre guérison, mais cela renforce également votre capacité à avancer et à apprendre de vos expériences.

Enfin, rappelez-vous que devenir votre propre meilleur ami est un voyage. Cela demande du temps, de la patience et de l'engagement. Chaque pas que vous faites vers une relation plus positive avec vous-même est un pas vers une vie plus épanouissante. Soyez prêt à faire face à vos propres vulnérabilités et à grandir à travers elles. En développant une amitié solide avec vous-même, vous serez mieux équipé pour affronter les défis de la vie, pour bâtir des relations saines avec les autres et pour vivre une vie pleine de joie et d'authenticité.

En conclusion, l'importance d'être son propre meilleur ami ne peut être sous-estimée. En cultivant une relation positive avec soi-même, nous favorisons notre estime de soi, notre confiance en nous et notre capacité à naviguer dans la vie avec résilience. Engagez-vous à devenir votre propre soutien et à célébrer votre individualité. En faisant cela, vous découvrirez un monde de possibilités et de bonheur qui vous attend.

Chapitre 8 : Naviguer dans les Relations avec un État d'Esprit Positif

L'Impact de la Pensée Positive sur les Relations

La pensée positive est bien plus qu'une simple attitude mentale ; elle a un impact profond sur nos relations interpersonnelles. Dans un monde où les interactions humaines sont inévitables, la façon dont nous pensons et percevons les autres peut influencer non seulement nos liens, mais aussi notre qualité de vie. Adopter une mentalité positive nous aide à naviguer plus aisément à travers les complexités des relations humaines, favorisant ainsi des connexions plus saines et plus significatives.

Pour commencer, la pensée positive nous permet de voir le meilleur chez les autres. Lorsque nous abordons nos relations avec une attitude ouverte et optimiste, nous avons tendance à remarquer les qualités positives chez les personnes qui nous entourent. Par exemple, si vous pensez positivement à l'égard d'un collègue, vous êtes plus enclin à reconnaître ses efforts et ses réussites, ce qui peut renforcer votre collaboration. Cette reconnaissance mutuelle crée un environnement où chacun se sent valorisé et respecté. En retour, cela nourrit un cycle de soutien et de motivation.

Un autre aspect important est que la pensée positive contribue à améliorer notre communication. Lorsque nous sommes dans un état d'esprit positif, nous sommes plus enclins à exprimer nos pensées et nos émotions de manière constructive. Cela signifie que nous sommes moins susceptibles de tomber dans le piège des malentendus et des conflits. Par exemple, si vous devez aborder un sujet délicat avec un ami, une attitude positive vous aidera à communiquer de manière ouverte et honnête, tout en restant respectueux des sentiments de l'autre. Cela favorise un dialogue constructif qui peut résoudre des problèmes au lieu d'en créer de nouveaux.

De plus, la pensée positive nous aide à gérer les conflits de manière plus efficace. Les conflits sont inévitables dans toute relation, mais la manière dont nous les abordons peut faire toute la différence. En adoptant une approche positive, nous sommes plus susceptibles de chercher des solutions plutôt que de nous concentrer sur les désaccords. Cela signifie que nous sommes ouverts à la négociation et à la compréhension des perspectives de l'autre. En voyant le conflit comme une opportunité d'apprentissage et de croissance, nous renforçons nos relations au lieu de les affaiblir.

Il est également intéressant de noter que la pensée positive est contagieuse. Lorsque vous vous engagez à maintenir une attitude positive, cela peut inspirer les autres à faire de même. Imaginez que vous entrez dans une pièce avec une énergie positive et un sourire sur le visage. Cette attitude peut influencer l'ambiance de la pièce et encourager les autres à se détendre et à interagir de manière plus amicale. Cette contagion de la positivité crée un cercle vertueux où chacun se sent mieux et où les relations deviennent plus harmonieuses.

En outre, être positif envers soi-même influence directement notre façon d'interagir avec les autres. Si nous avons une bonne estime de soi et que nous nous aimons, nous sommes plus à même d'apporter du soutien et de la compréhension aux autres. À l'inverse, lorsque nous nous critiquons ou que nous avons des pensées négatives sur nous-mêmes, il est facile de projeter ces sentiments sur les autres, ce qui peut nuire à nos relations. Cultiver une attitude positive envers soi-même est donc essentiel pour développer des interactions saines et épanouissantes.

Il est également bénéfique de pratiquer la gratitude dans nos relations. La gratitude nous permet de nous concentrer sur ce que nous apprécions chez les autres, renforçant ainsi nos liens. Prenez le temps d'exprimer votre reconnaissance envers vos amis, votre famille ou vos collègues pour les petites choses qu'ils font. Que ce soit un geste amical, un soutien durant une période difficile ou simplement leur présence, reconnaître ces contributions nourrit une atmosphère positive dans vos relations. Cela crée un sentiment de connexion et renforce les liens émotionnels.

L'écoute active est une autre compétence clé qui est amplifiée par une pensée positive. Lorsque nous abordons les conversations avec un esprit ouvert et bienveillant, nous sommes plus susceptibles d'écouter vraiment ce que l'autre personne a à dire. Cela signifie non seulement entendre les mots, mais aussi comprendre les émotions et les intentions qui se cachent derrière. En pratiquant l'écoute active, nous renforçons la confiance et l'intimité dans nos relations, ce qui est fondamental pour établir des liens durables.

En conclusion, l'impact de la pensée positive sur nos relations est indéniable. En adoptant une attitude optimiste, nous pouvons transformer nos interactions quotidiennes et nourrir des connexions significatives. La pensée positive nous aide à voir le meilleur chez les autres, à communiquer de manière plus efficace, à gérer les conflits avec sagesse et à inspirer ceux qui nous entourent. En renforçant notre estime de soi et en pratiquant la gratitude, nous pouvons créer un environnement où les relations s'épanouissent. Engagez-vous à cultiver la pensée positive dans vos relations et observez comment cela transforme non seulement votre vie sociale, mais aussi votre bonheur personnel.

Favoriser une Communication Empathique et Constructive

La communication est l'un des éléments fondamentaux de nos relations interpersonnelles. Cependant, il ne suffit pas simplement de parler ; la manière dont nous communiquons peut grandement influencer la qualité de nos interactions et l'harmonie de nos relations. Favoriser une communication empathique et constructive est essentiel pour établir des liens solides, résoudre des conflits et créer un environnement où chacun se sent écouté et respecté. Dans cette section, nous allons explorer les principes et les techniques qui permettent d'atteindre cet objectif.

L'empathie est la capacité de comprendre et de ressentir les émotions d'autrui. Elle nous permet de nous connecter de manière plus profonde avec les personnes qui nous entourent. Lorsqu'une communication est empreinte d'empathie, nous sommes capables de reconnaître les sentiments de l'autre, ce qui crée un espace de compréhension mutuelle. Pour favoriser une communication empathique, il est essentiel d'être pleinement présent lors des échanges. Cela signifie mettre de côté les distractions, que ce soit votre téléphone, votre ordinateur ou même vos propres pensées. L'écoute active est un élément clé de cette présence. Lorsque nous écoutons vraiment, nous montrons à l'autre que son opinion et ses émotions sont valables.

Une technique efficace pour améliorer l'écoute active consiste à reformuler ce que l'autre personne a dit. Par exemple, si un ami exprime son stress face à une situation professionnelle, vous pourriez répondre : « Si je comprends bien, tu ressens beaucoup de pression au travail en ce moment. » Cette reformulation montre que vous avez écouté attentivement et que vous essayez de comprendre son point de vue. Cela peut également aider à clarifier d'éventuels malentendus et à encourager la personne à exprimer davantage ses émotions.

Il est également important de poser des questions ouvertes pour encourager un dialogue plus profond. Les questions ouvertes, qui ne peuvent pas être répondues par un simple « oui » ou « non », incitent l'autre à développer ses pensées et ses sentiments. Par exemple, au lieu de demander : « Est-ce que tu es d'accord ? », vous pourriez poser : « Qu'en penses-tu vraiment ? » Ce type de question favorise une conversation plus enrichissante et démontre votre intérêt sincère pour l'autre.

La gestion des émotions joue également un rôle crucial dans une communication empathique. Lorsque des sujets sensibles sont abordés, il est normal que des émotions fortes émergent. En tant que communicateur, il est important de reconnaître vos propres émotions et celles de l'autre. Parfois, il peut être utile de prendre un moment pour respirer profondément et réfléchir avant de répondre, surtout si la discussion devient intense. Cela permet d'éviter des réactions impulsives et de maintenir un ton constructif.

En parallèle, il est crucial d'exprimer vos propres émotions de manière authentique et respectueuse. L'utilisation de « je » plutôt que de « tu » peut aider à éviter que l'autre ne se sente accusé. Par exemple, au lieu de dire : « Tu ne m'écoutes jamais », essayez plutôt : « Je me sens ignoré lorsque je parle et que tu ne réponds pas. » Cette approche minimise les défenses et favorise une discussion plus ouverte.

Un autre aspect essentiel de la communication empathique est la validation des émotions de l'autre. Même si vous n'êtes pas d'accord avec ce que l'autre ressent, il est important de reconnaître que ses émotions sont valides. Par exemple, vous pourriez dire : « Je comprends que cela te fasse ressentir de l'anxiété, et c'est normal de se sentir comme ça dans une telle situation. » Cette validation peut apaiser les tensions et encourager un dialogue plus constructif.

Il est également utile de pratiquer la patience lors de conversations difficiles. Les discussions ne se déroulent pas toujours comme prévu, et il peut y avoir des moments de désaccord ou de tension. Au lieu de précipiter la conversation pour obtenir une résolution immédiate, prenez le temps de comprendre toutes les perspectives. La patience démontre que vous êtes prêt à investir du temps et des efforts pour trouver une solution mutuellement acceptable.

La pratique de la gratitude dans la communication peut également renforcer les relations. Exprimez votre reconnaissance pour les efforts de l'autre, même pour les petites choses. Dire « merci » peut sembler simple, mais cela peut avoir un impact considérable sur la dynamique de votre relation. Lorsque chacun se sent apprécié, cela crée un climat de positivité et de soutien.

Enfin, il est important de reconnaître que la communication empathique est une compétence qui nécessite de la pratique. Commencez par de petites interactions dans votre vie quotidienne, que ce soit avec des amis, des collègues ou des membres de votre famille. En vous exerçant à écouter activement, à poser des questions ouvertes et à exprimer vos émotions avec honnêteté, vous développerez cette compétence au fil du temps.

En conclusion, favoriser une communication empathique et constructive est essentiel pour établir des relations solides et significatives. En pratiquant l'écoute active, en posant des questions ouvertes, en validant les émotions et en exprimant votre gratitude, vous pouvez transformer vos interactions. L'empathie est la clé pour créer des liens profonds et pour surmonter les conflits avec compréhension. Engagez-vous à intégrer ces principes dans vos communications quotidiennes, et vous découvrirez que cela enrichit non seulement vos relations, mais aussi votre propre bien-être émotionnel.

Identifier et Éviter les Relations Toxiques

Les relations toxiques peuvent avoir un impact dévastateur sur notre bien-être émotionnel et mental. Que ce soit dans des contextes personnels, professionnels ou familiaux, ces relations peuvent nous drainer de notre énergie, affecter notre estime de soi et nous plonger dans des états de stress permanent. Identifier et éviter ces relations est crucial pour notre santé mentale et pour construire une vie plus épanouissante. Dans cette section, nous allons explorer comment reconnaître les signes d'une relation toxique et les stratégies pour s'en éloigner.

Pour commencer, qu'est-ce qu'une relation toxique ? Une relation toxique se caractérise par un déséquilibre de pouvoir, où l'un des partenaires peut exploiter, manipuler ou contrôler l'autre. Cela peut se manifester par des comportements abusifs, que ce soit de manière physique, verbale ou émotionnelle. Dans de telles relations, la communication est souvent unilatérale, où l'un des partenaires monopolise la conversation et refuse d'écouter l'autre. Ce déséquilibre crée une dynamique où l'une des personnes se sent inférieure, peu valorisée et constamment sur la défensive.

Un des premiers signes d'une relation toxique est la présence de critiques constantes et de dévalorisation. Si vous vous sentez régulièrement rabaissé, que ce soit par des remarques sur votre apparence, vos compétences ou votre valeur en tant que personne, cela peut indiquer que vous êtes dans une relation nuisible. La critique constructive est différente ; elle vise à aider et à soutenir. En revanche, la critique destructrice a pour but de blesser et de diminuer l'autre. Si vous constatez que votre partenaire ou ami n'arrête pas de faire des commentaires négatifs à votre sujet, cela devrait éveiller votre attention.

Un autre indicateur clé est la manipulation émotionnelle. Les personnes toxiques utilisent souvent des tactiques de manipulation pour exercer un contrôle sur les autres. Cela peut inclure la culpabilisation, le gaslighting (une forme de manipulation psychologique qui amène une personne à douter de sa propre réalité) ou des menaces implicites. Si vous vous sentez souvent confus, coupable ou sur la défensive après des interactions avec une personne, il est probable que vous soyez confronté à une relation toxique.

La jalousie excessive et le besoin de contrôle sont également des signes révélateurs. Une certaine jalousie peut être naturelle dans une relation, mais lorsque cela devient maladif, il est temps de reconsidérer la dynamique. Une personne qui tente de contrôler vos interactions sociales, qui surveille vos activités ou qui exige des comptes rendus détaillés de vos allées et venues ne respecte pas votre autonomie. Ces comportements sont indicatifs d'une relation toxique où l'un des partenaires cherche à dominer l'autre.

Il est important de se rappeler que la toxicité d'une relation peut également être subtile. Parfois, les signes ne sont pas immédiatement évidents. Une personne peut prétendre être bienveillante tout en manifestant des comportements égoïstes ou égocentriques. Par exemple, une amie qui ne se soucie que de ses propres problèmes et qui ne s'intéresse jamais à vos préoccupations peut créer un déséquilibre émotionnel. Dans ces cas, il est crucial d'être attentif à la manière dont vous vous sentez après avoir interagi avec cette personne. Si vous partez souvent d'une conversation en vous sentant vidé ou frustré, cela mérite d'être examiné de plus près.

Pour échapper aux relations toxiques, la première étape consiste à reconnaître ces signes et à évaluer vos sentiments. Prenez un moment pour réfléchir à vos relations actuelles. Notez comment chaque interaction vous fait sentir. Si une relation vous cause du stress, de l'anxiété ou de la tristesse, il est peut-être temps de réévaluer cette dynamique.

Une fois que vous avez identifié une relation toxique, il est important d'établir des limites. Cela signifie communiquer clairement vos besoins et vos attentes à l'autre personne. Par exemple, si quelqu'un vous critique constamment, exprimez-lui que vous ne tolérerez pas ce comportement. Utilisez des déclarations « je » pour éviter de paraître accusateur, comme « Je me sens mal à l'aise lorsque tu fais des commentaires sur mon apparence. J'aimerais que tu respectes cela. » Poser des limites est un moyen de protéger votre bien-être émotionnel.

Dans certains cas, il peut être nécessaire de prendre de la distance, voire de couper complètement les ponts avec une personne toxique. Cela peut être difficile, surtout si la relation a été longue ou si des liens familiaux sont impliqués. Cependant, il est crucial de prioriser votre santé mentale. Si vous sentez que vos efforts pour améliorer la relation ne sont pas réciproques, il est légitime de prendre la décision de vous éloigner. Cela peut signifier réduire les contacts, éviter les interactions sociales ou même bloquer quelqu'un sur les réseaux sociaux.

Il est également utile de s'entourer de personnes positives et de soutien. Lorsque vous vous éloignez d'une relation toxique, recherchez des amis et des proches qui vous apportent encouragement et positivité. Ces relations saines peuvent vous rappeler votre valeur et renforcer votre estime de soi. Le soutien social est essentiel pour naviguer dans les émotions difficiles qui peuvent survenir lors de la fin d'une relation.

Enfin, le travail sur soi est une partie intégrante du processus. Prendre le temps de réfléchir à vos propres comportements et schémas relationnels peut vous aider à comprendre pourquoi vous avez pu rester dans des relations toxiques. Cela peut également vous aider à éviter des situations similaires à l'avenir. La thérapie, le coaching ou même la lecture de livres sur le développement personnel peuvent fournir des outils précieux pour mieux gérer vos relations.

En conclusion, identifier et éviter les relations toxiques est essentiel pour maintenir une vie saine et épanouissante. En reconnaissant les signes de toxicité, en établissant des limites et en cherchant des relations positives, vous pouvez créer un environnement émotionnellement nourrissant. N'oubliez pas que vous méritez des relations qui vous élèvent et vous soutiennent. En faisant de votre bien-être une priorité, vous ouvrez la porte à des connexions plus significatives et enrichissantes dans votre vie.

Créer des Connexions Profondes et Significatives

Dans un monde où les interactions superficielles semblent

omniprésentes, créer des connexions profondes et significatives est devenu un véritable défi. Pourtant, ces relations authentiques sont essentielles pour notre bien-être émotionnel, notre épanouissement personnel et même notre santé mentale. Dans cette section, nous explorerons l'importance de ces connexions, ainsi que des stratégies pratiques pour les cultiver dans nos vies.

Les connexions profondes sont caractérisées par un niveau élevé de compréhension, de confiance et d'empathie. Lorsque nous établissons des relations qui vont au-delà de la surface, nous nous ouvrons à des échanges enrichissants qui nourrissent notre esprit et notre cœur. Ces relations sont basées sur l'authenticité, où chaque personne se sent libre d'exprimer ses pensées, ses émotions et ses vulnérabilités sans crainte de jugement. C'est dans ce cadre sécurisant que l'on peut véritablement se connaître et se comprendre.

Pour créer de telles connexions, il est essentiel de commencer par développer une écoute active. Cela signifie prêter une attention totale à l'autre, en mettant de côté nos propres pensées et distractions. Lorsque quelqu'un partage ses expériences ou ses émotions, il est vital d'être pleinement présent. Cela implique non seulement d'écouter les mots, mais aussi de percevoir les émotions qui les accompagnent. En posant des questions ouvertes et en reformulant ce que l'autre dit, vous montrez votre engagement et votre intérêt pour ses préoccupations.

Un autre aspect important des connexions profondes est la vulnérabilité. Être vulnérable signifie partager nos doutes, nos peurs et nos faiblesses avec l'autre personne. Cela peut sembler effrayant, mais c'est souvent en montrant notre véritable moi que nous pouvons établir des liens authentiques. Lorsque nous partageons nos expériences difficiles, nous invitons l'autre à faire de même. Cela crée un sentiment de solidarité et de compréhension mutuelle. La vulnérabilité permet également de renforcer la confiance, car elle démontre que nous sommes prêts à être ouverts et honnêtes.

La compassion est une autre pierre angulaire des connexions significatives. Faire preuve de compassion envers les autres et envers soi-même favorise un climat émotionnel positif. Cela signifie reconnaître et valider les émotions des autres, sans essayer de les minimiser ou de les juger. Par exemple, si un ami traverse une période difficile, au lieu de dire « ça ira, ne t'inquiète pas », essayez de dire « je suis désolé que tu ressentes cela, c'est vraiment difficile ». Cette validation montre que vous comprenez leur douleur et que vous êtes là pour les soutenir.

La création de souvenirs communs peut également renforcer les connexions profondes. Partager des expériences significatives, qu'il s'agisse de voyages, de projets ou de moments de joie, aide à tisser des liens plus forts. Ces souvenirs deviennent des références partagées qui peuvent être évoquées dans le futur, consolidant ainsi la relation. Prenez le temps de créer des moments spéciaux avec vos proches, que ce soit en organisant un dîner, en partant en randonnée ou en participant à des activités qui vous passionnent.

Il est important de nourrir ces relations au fil du temps. La communication régulière est cruciale pour maintenir une connexion profonde. Cela peut sembler évident, mais dans le rythme effréné de la vie moderne, il est facile de laisser les relations prendre du recul. Prendre l'initiative d'envoyer un message, de passer un appel ou de proposer une rencontre montre à l'autre que vous tenez à lui. Ces petits gestes d'attention renforcent le lien et montrent que vous vous souciez de la relation.

Les connexions profondes nécessitent également de l'authenticité. Être sincère et vrai dans vos interactions attire les personnes qui recherchent également l'authenticité. Évitez de jouer des rôles ou de masquer vos véritables sentiments pour plaire aux autres. En étant vous-même, vous encouragez les autres à faire de même, créant ainsi un espace de sécurité où chacun peut s'exprimer librement. L'authenticité attire des relations basées sur le respect mutuel et la compréhension.

Il est également essentiel de se rappeler que chaque relation nécessite un équilibre. Une connexion profonde n'implique pas que l'on doive tout partager ou être disponible à chaque instant. Respecter les limites de chacun et reconnaître que chaque personne a ses propres besoins et priorités est crucial. Apprenez à faire preuve de respect et à donner de l'espace lorsque cela est nécessaire. Cela contribue à créer une dynamique saine où chacun se sent valorisé et respecté.

Enfin, pour créer des connexions profondes, il est indispensable de cultiver l'empathie. L'empathie nous permet de nous mettre à la place de l'autre et de comprendre ses émotions. Prendre le temps de réfléchir aux perspectives des autres nous aide à réagir de manière plus compatissante et réfléchie. Lorsque nous pratiquons l'empathie, nous renforçons la qualité de nos interactions et nous nous rapprochons des autres.

En conclusion, créer des connexions profondes et significatives est essentiel pour notre bien-être émotionnel et notre épanouissement personnel. En développant une écoute active, en pratiquant la vulnérabilité, en faisant preuve de compassion et en partageant des expériences significatives, nous pouvons tisser des liens authentiques. Ces relations enrichissantes nous permettent de naviguer à travers les défis de la vie avec soutien et compréhension. Engagez-vous à cultiver ces connexions dans votre vie et observez comment elles transforment non seulement vos relations, mais aussi votre qualité de vie.

Chapitre 9 : Outils pour Maintenir une Positivité à Long Terme

Stratégies pour les Jours Difficiles

La vie est un chemin parsemé de défis et d'obstacles. Qu'il s'agisse de stress au travail, de problèmes personnels, de pertes ou de changements inattendus, tout le monde fait face à des jours difficiles. Dans ces moments-là, il est crucial de savoir comment maintenir une attitude positive et trouver des stratégies pour surmonter les difficultés. Dans cette section, nous explorerons plusieurs approches efficaces pour naviguer à travers les tempêtes de la vie et en sortir renforcé.

Pour commencer, il est important de reconnaître et d'accepter vos émotions. Souvent, nous avons tendance à ignorer ou à refouler nos sentiments négatifs, pensant que cela nous aidera à passer à autre chose. Cependant, cette stratégie peut conduire à des conséquences encore plus graves à long terme. Prenez un moment pour vous asseoir, respirer profondément et identifier ce que vous ressentez. Qu'il s'agisse de tristesse, de colère ou d'anxiété, reconnaître ces émotions est la première étape vers la guérison. Écrire dans un journal peut être une manière efficace d'exprimer vos pensées et de clarifier vos émotions. Mettre des mots sur vos sentiments peut vous aider à les comprendre et à les accepter.

Une autre stratégie puissante pour faire face aux jours difficiles est la pratique de la pleine conscience. La pleine conscience consiste à porter attention au moment présent sans jugement. Cela peut vous aider à vous ancrer et à réduire le stress. Par exemple, vous pourriez essayer une méditation simple : trouvez un endroit calme, fermez les yeux et concentrez-vous sur votre respiration. Lorsque des pensées négatives surgissent, observez-les sans vous y attacher et ramenez doucement votre attention sur votre souffle. La pleine conscience vous permet de vous distancer des pensées envahissantes et de retrouver un sentiment de calme et de sérénité.

Il est également bénéfique de mettre en place des routines de bien-être. Ces routines peuvent inclure des activités qui vous apportent du réconfort et du bonheur, comme l'exercice physique, la lecture, la méditation, ou passer du temps avec des amis. L'exercice physique, en particulier, est un excellent moyen de libérer des endorphines, souvent appelées « hormones du bonheur ». Une simple marche dans la nature ou une séance de yoga peut considérablement améliorer votre humeur et votre état d'esprit. Établir une routine régulière, même les jours difficiles, peut vous aider à créer une structure qui offre un sentiment de sécurité et de prévisibilité.

Un autre élément essentiel pour traverser les jours difficiles est le soutien social. N'hésitez pas à vous tourner vers vos amis, votre famille ou des groupes de soutien. Partager vos difficultés avec des personnes qui vous comprennent peut alléger votre fardeau et vous rappeler que vous n'êtes pas seul. Souvent, parler de ce que vous traversez peut apporter une nouvelle perspective et des solutions que vous n'aviez pas envisagées. De plus, entourer-vous de personnes positives et inspirantes peut également rehausser votre propre moral.

La gratitude joue également un rôle crucial dans le maintien d'une attitude positive, même pendant les moments difficiles. Prenez le temps de réfléchir à ce pour quoi vous êtes reconnaissant, même si cela semble difficile. Il peut s'agir des petites choses de la vie quotidienne, comme une tasse de café chaude, un sourire d'un inconnu, ou même un moment de paix dans votre journée. Tenir un journal de gratitude où vous notez chaque jour trois choses pour lesquelles vous êtes reconnaissant peut transformer votre perspective et vous aider à focaliser votre attention sur le positif.

Lorsque vous êtes confronté à un défi, il est également important de pratiquer la flexibilité cognitive. Cela signifie que vous devez être capable d'adapter votre pensée face à des situations changeantes. Au lieu de vous concentrer sur ce que vous ne pouvez pas contrôler, concentrez-vous sur ce que vous pouvez changer. Posez-vous des questions comme : « Quelles sont les solutions possibles à ce problème ? » ou « Qu'est-ce que je peux apprendre de cette expérience ? » Cette approche proactive vous permet de transformer des difficultés en opportunités de croissance.

Une autre stratégie consiste à définir des objectifs réalistes pour vous-même. Dans les jours difficiles, il peut être utile de se fixer des petits objectifs quotidiens qui sont facilement atteignables. Cela peut être aussi simple que de faire le lit le matin, de sortir pour une courte promenade ou de préparer un repas sain. Ces petites victoires vous aideront à vous sentir plus accompli et à maintenir un sentiment de contrôle sur votre vie.

Il est également crucial de prendre soin de votre corps, car le bien-être physique est étroitement lié au bien-être mental. Assurez-vous de manger équilibré, de rester hydraté et de dormir suffisamment. Les nuits de sommeil perturbées ou une alimentation déséquilibrée peuvent intensifier les sentiments de stress et d'anxiété. Prendre soin de vous-même sur le plan physique est une manière de vous respecter et de reconnaître votre valeur, même lorsque vous traversez des périodes difficiles.

Enfin, n'oubliez pas que la résilience se construit au fil du temps. Chaque difficulté que vous surmontez vous rend plus fort et vous prépare à faire face à d'autres défis à l'avenir. Lorsque vous regardez en arrière sur les moments difficiles que vous avez traversés, prenez le temps de reconnaître vos propres forces et capacités. Cela vous aidera à construire une confiance en vous durable qui vous soutiendra dans les années à venir.

En conclusion, les jours difficiles font partie intégrante de la vie, mais ils ne doivent pas définir qui nous sommes. En mettant en œuvre ces stratégies, vous pouvez naviguer à travers les défis avec une attitude positive et constructive. Acceptez vos émotions, pratiquez la pleine conscience, recherchez le soutien des autres et cultivez la gratitude. En développant ces compétences, vous renforcez votre capacité à surmonter les obstacles et à vivre une vie plus épanouissante. La résilience et la positivité ne sont pas des destinations, mais un voyage, et chaque pas que vous faites vers une meilleure gestion des difficultés est un pas vers un avenir plus lumineux.

Créer un Environnement de Soutien pour la Croissance

Dans notre quête de développement personnel et professionnel, l'environnement dans lequel nous évoluons joue un rôle crucial. Un environnement de soutien peut non seulement favoriser notre croissance, mais également nous aider à surmonter les défis, à renforcer notre confiance et à atteindre nos objectifs. Cet article explore les éléments essentiels pour créer un environnement propice à la croissance et au bien-être.

Tout d'abord, il est important de comprendre ce qu'est un environnement de soutien. Il s'agit d'un cadre dans lequel les individus se sentent valorisés, compris et encouragés. Cela peut inclure des amis, des collègues, des mentors et même des membres de la famille qui partagent des valeurs similaires et qui s'engagent à favoriser votre succès. La clé d'un tel environnement est la bienveillance, où chacun se sent libre d'exprimer ses pensées et ses émotions sans crainte de jugement.

La première étape pour créer cet environnement est d'évaluer vos relations actuelles. Prenez le temps de réfléchir aux personnes qui vous entourent. Sont-elles positives et encourageantes ? Sont-elles prêtes à vous soutenir dans vos aspirations ? Parfois, il peut être nécessaire de prendre du recul par rapport à certaines relations qui ne vous servent plus. Cela ne signifie pas nécessairement couper les ponts, mais plutôt établir des limites saines et déterminer où investir votre énergie.

L'un des aspects les plus importants d'un environnement de soutien est la communication ouverte. Créez un espace où les échanges sont honnêtes et constructifs. Lorsque vous parlez avec les autres, exprimez vos besoins et vos désirs de manière claire. Par exemple, si vous avez besoin de conseils sur un projet, n'hésitez pas à demander de l'aide ou des retours. Ce type de communication crée une dynamique de soutien mutuel et renforce les liens.

Il est également essentiel d'encourager une culture de feedback positif. Le feedback constructif est un outil puissant pour la croissance personnelle et professionnelle. Encouragez les membres de votre entourage à partager leurs réflexions et leurs suggestions de manière bienveillante. De même, apprenez à donner des retours d'une manière qui soit à la fois honnête et encourageante. Lorsque vous recevez des critiques, essayez de les voir comme une opportunité d'apprentissage plutôt que comme une attaque personnelle. Cette ouverture d'esprit favorise une atmosphère où chacun se sent en sécurité pour partager ses idées et ses expériences.

Un autre élément clé pour créer un environnement de soutien est la célébration des succès, qu'ils soient grands ou petits. Reconnaître et célébrer les réalisations des autres contribue à renforcer la motivation et à créer un sentiment de communauté. Prenez le temps d'organiser des petites célébrations lorsque quelqu'un atteint un objectif ou réussit un projet. Cela crée une atmosphère positive et encourage chacun à continuer à progresser.

La diversité des idées et des perspectives enrichit également un environnement de soutien. Entourez-vous de personnes aux parcours variés et aux expériences différentes. Cette diversité stimule la créativité et l'innovation. N'hésitez pas à inviter des personnes de différentes disciplines ou origines à partager leurs connaissances. Cela peut également élargir votre compréhension des défis auxquels vous pourriez être confronté et des solutions potentielles.

Un environnement physique agréable peut également influencer votre état d'esprit et votre motivation. Que ce soit à la maison ou au travail, assurez-vous que votre espace est accueillant et inspirant. Ajoutez des éléments qui vous apportent de la joie, comme des plantes, des œuvres d'art ou des photos de vos proches. Un environnement bien organisé et esthétiquement plaisant peut améliorer votre humeur et votre productivité.

De plus, le soutien émotionnel est crucial pour la croissance. Encouragez les échanges autour de la santé mentale et du bien-être. Créez des espaces où les gens peuvent parler de leurs luttes, de leurs succès et de leurs expériences. Cela peut inclure des groupes de discussion, des ateliers ou même des séances informelles où chacun peut partager ce qu'il ressent. La solidarité et le soutien émotionnel aident à renforcer les liens et à créer une communauté soudée.

Il est également essentiel de promouvoir l'autonomie dans un environnement de soutien. Encourager les autres à prendre des initiatives et à explorer leurs propres passions contribue à leur développement personnel. Cela implique de donner aux gens la liberté de prendre des décisions et de faire des choix qui leur semblent justes. Lorsque les individus se sentent autonomes, ils sont plus enclins à s'investir et à s'engager pleinement dans leur croissance.

En conclusion, créer un environnement de soutien pour la croissance est un processus continu qui nécessite engagement et attention. En cultivant des relations positives, en encourageant la communication ouverte, en célébrant les succès et en favorisant la diversité, vous pouvez bâtir un cadre propice à l'épanouissement de chacun. Un environnement de soutien est non seulement bénéfique pour vous-même, mais aussi pour ceux qui vous entourent. Investir dans ces connexions et ces interactions vous permettra d'avancer avec confiance sur votre chemin de croissance personnelle et collective. Engagez-vous à nourrir cet environnement et à observer comment il transforme non seulement votre vie, mais aussi celle des autres.

Éviter l'Épuisement Émotionnel et Mental

L'épuisement émotionnel et mental est devenu une réalité trop courante dans notre société moderne, marquée par une pression constante, des attentes élevées et un rythme de vie effréné. Les exigences professionnelles, les responsabilités familiales et les engagements sociaux peuvent nous laisser épuisés, stressés et au bord du burn-out. Comprendre comment éviter cet épuisement est essentiel pour préserver notre bien-être et notre santé mentale. Dans cette section, nous allons explorer les signes de l'épuisement, ses causes et des stratégies pratiques pour le prévenir.

Tout d'abord, il est crucial de reconnaître les signes avant-coureurs de l'épuisement émotionnel et mental. Ceux-ci peuvent inclure une fatigue persistante, des difficultés de concentration, une irritabilité accrue, un sentiment d'impuissance, et même des symptômes physiques comme des maux de tête ou des troubles digestifs. Si vous ressentez un manque de motivation ou si vous vous sentez submergé par des tâches quotidiennes, il est important d'écouter votre corps et votre esprit. Ignorer ces signes peut conduire à des conséquences plus graves sur votre santé mentale.

Une des principales causes de l'épuisement est le stress chronique. Ce stress peut résulter de divers facteurs, notamment des environnements de travail toxiques, des relations difficiles ou des attentes irréalistes que nous nous imposons à nous-mêmes. Il est essentiel d'identifier les sources de stress dans votre vie et de travailler à les gérer. Cela peut impliquer de réévaluer vos engagements, de définir des priorités ou de demander de l'aide lorsque cela est nécessaire. Il est également important de se rappeler que demander de l'aide n'est pas un signe de faiblesse, mais plutôt un acte de courage et d'auto-préservation.

Pour prévenir l'épuisement, il est crucial d'intégrer des pratiques de gestion du stress dans votre routine quotidienne. Cela peut inclure des techniques de relaxation telles que la méditation, le yoga ou la respiration profonde. Ces pratiques permettent de calmer l'esprit, de réduire l'anxiété et de favoriser un état de détente. Prendre quelques minutes chaque jour pour se concentrer sur sa respiration ou pour méditer peut avoir un impact significatif sur votre bien-être mental.

Un autre aspect essentiel pour éviter l'épuisement est d'établir des limites claires. Dans un monde où l'on attend souvent que nous soyons disponibles à tout moment, il est crucial de définir des frontières. Apprenez à dire non lorsque vous sentez que vous êtes déjà à pleine capacité. Cela peut concerner des engagements sociaux, des responsabilités professionnelles ou même des demandes familiales. Établir ces limites vous permet de protéger votre temps et votre énergie, en vous concentrant sur ce qui est vraiment important pour vous.

Le soutien social joue également un rôle fondamental dans la prévention de l'épuisement émotionnel. Entourez-vous de personnes qui vous soutiennent et vous encouragent. Partagez vos sentiments et vos préoccupations avec des amis proches ou des membres de la famille. Parfois, simplement parler de vos défis peut alléger le fardeau que vous ressentez. Participer à des groupes de soutien ou à des communautés partageant les mêmes idées peut également vous offrir un espace où vous pouvez vous exprimer librement et trouver des solutions collectives.

Il est important de prendre soin de votre bien-être physique pour éviter l'épuisement. L'exercice régulier, une alimentation équilibrée et un sommeil de qualité sont des éléments clés pour maintenir un esprit sain dans un corps sain. L'activité physique, même sous forme de courtes promenades, libère des endorphines qui améliorent votre humeur et réduisent le stress. De plus, une alimentation nutritive peut influencer votre niveau d'énergie et votre résilience face au stress. Assurez-vous également de consacrer suffisamment de temps au sommeil, car un repos insuffisant peut exacerber les sentiments d'épuisement.

La pratique de la gratitude peut également être un outil puissant dans la prévention de l'épuisement émotionnel. Prendre le temps de réfléchir à ce pour quoi vous êtes reconnaissant peut changer votre perspective et vous aider à vous concentrer sur le positif. Tenez un journal de gratitude dans lequel vous notez quotidiennement trois choses pour lesquelles vous êtes reconnaissant. Cette pratique simple vous rappelle les aspects positifs de votre vie, même au milieu des défis.

Un autre moyen efficace de prévenir l'épuisement émotionnel est de s'accorder des pauses régulières. Dans notre société axée sur la productivité, il est facile de se perdre dans le travail et de négliger le besoin de repos. Prenez des pauses régulières tout au long de votre journée pour vous ressourcer. Cela peut inclure de courtes promenades, des étirements ou simplement des moments de calme pour vous détendre. Ces pauses permettent de recharger vos batteries et d'améliorer votre concentration.

Enfin, il est essentiel de cultiver une attitude de bienveillance envers vous-même. Souvent, nous sommes notre pire critique, et nous avons tendance à nous juger sévèrement lorsque nous nous sentons épuisés ou submergés. Pratiquez l'auto-compassion en vous traitant avec la même douceur et compréhension que vous offririez à un ami. Reconnaissez que vous êtes humain et que tout le monde traverse des moments difficiles. Accordez-vous la permission de prendre du temps pour vous, de vous reposer et de vous rétablir sans culpabilité.

En conclusion, l'épuisement émotionnel et mental est une réalité qui peut toucher tout le monde, mais il existe des moyens efficaces de le prévenir. En identifiant les signes de stress, en intégrant des pratiques de gestion du stress, en établissant des limites, en cherchant du soutien et en prenant soin de votre bien-être physique, vous pouvez créer un environnement propice à votre épanouissement. Rappelez-vous que prendre soin de vous n'est pas un luxe, mais une nécessité. En investissant dans votre bien-être mental et émotionnel, vous vous donnez les meilleures chances de vivre une vie épanouissante et joyeuse.

Le Pouvoir de la Cohérence dans la Pensée Positive

La cohérence est un élément essentiel dans notre quête de pensées positives et d'un état d'esprit constructif. Dans un monde où les défis et les incertitudes sont omniprésents, établir une harmonie entre nos pensées, nos émotions et nos actions peut transformer notre expérience de vie. Lorsque nous cultivons une pensée positive cohérente, nous ne nous contentons pas d'aspirer à des attitudes optimistes ; nous les intégrons véritablement dans notre quotidien. Cela crée un impact profond sur notre bien-être général et notre capacité à surmonter les obstacles.

Pour commencer, il est crucial de comprendre ce qu'implique la cohérence dans la pensée positive. Cela signifie aligner nos pensées positives avec nos émotions et comportements. Si nous nous efforçons de maintenir une attitude positive, mais que nos actions ou nos émotions contredisent cette intention, nous risquons de créer une dissonance cognitive. Par exemple, si vous vous dites constamment que vous êtes capable de réussir, mais que vous vous comportez d'une manière pessimiste ou que vous laissez la peur vous paralyser, vous êtes en désaccord avec vous-même. Cette incohérence peut engendrer des sentiments de frustration et de doute.

Un aspect fondamental pour établir cette cohérence est la conscience de soi. Prenez le temps d'explorer vos pensées et vos émotions. Tenez un journal dans lequel vous notez vos réflexions quotidiennes, vos réussites et vos défis. Cette pratique vous aidera à identifier les pensées négatives qui peuvent surgir et à les confronter. Lorsque vous devenez conscient de ces pensées, vous pouvez choisir de les remplacer par des affirmations positives qui sont en phase avec vos objectifs et vos valeurs. Par exemple, si vous vous sentez incompétent dans votre travail, essayez de reformuler cette pensée en « Je suis capable d'apprendre et de m'améliorer chaque jour. »

Une autre technique pour renforcer la cohérence dans votre pensée positive consiste à établir des intentions claires. Fixez des objectifs spécifiques que vous souhaitez atteindre et déterminez les actions nécessaires pour y parvenir. Lorsque vous avez une vision claire de ce que vous voulez réaliser, il est plus facile d'aligner vos pensées, vos émotions et vos comportements en conséquence. Rédigez vos objectifs et placez-les à un endroit visible pour vous rappeler constamment votre intention. Cela crée un sentiment d'engagement qui vous incite à agir de manière cohérente avec vos aspirations.

La répétition est également un outil puissant pour ancrer la cohérence. Répétez des affirmations positives et visualisez-vous atteignant vos objectifs. Cette répétition crée des connexions neuronales dans votre cerveau qui renforcent vos croyances positives. Chaque fois que vous vous concentrez sur des pensées constructives, vous contribuez à reprogrammer votre esprit. Cela demande de la patience et de la persévérance, mais les résultats peuvent être transformateurs.

En outre, il est important de cultiver un environnement qui soutient votre pensée positive. Entourez-vous de personnes qui partagent des valeurs similaires et qui vous encouragent dans votre cheminement. Évitez les environnements négatifs qui sapent votre énergie et votre motivation. Les relations toxiques peuvent avoir un impact dévastateur sur votre état d'esprit. Cherchez plutôt des connexions qui nourrissent votre esprit et renforcent vos convictions. Que ce soit par le biais d'amis, de collègues ou de groupes de soutien, l'interaction avec des personnes positives peut rehausser votre moral et vous motiver à rester aligné avec vos objectifs.

La pratique de la gratitude est également un élément clé pour renforcer la cohérence dans la pensée positive. Prenez le temps chaque jour de réfléchir aux choses pour lesquelles vous êtes reconnaissant. Cela peut sembler simple, mais cette pratique modifie votre perspective. Au lieu de vous concentrer sur ce qui ne va pas, vous entraînez votre esprit à reconnaître le positif dans votre vie. Gardez un journal de gratitude dans lequel vous notez trois choses pour lesquelles vous êtes reconnaissant chaque jour. Cette habitude peut améliorer votre état d'esprit et renforcer votre résilience face aux défis.

En ce qui concerne les comportements, engagez-vous à agir en accord avec vos valeurs et vos croyances. Si vous aspirez à être une personne positive, prenez des mesures qui reflètent cet engagement. Cela peut inclure l'engagement dans des activités qui vous apportent de la joie, le bénévolat pour aider les autres ou la participation à des activités qui nourrissent votre esprit. Ces actions renforcent votre cohérence interne et vous aident à cultiver une attitude positive durable.

Enfin, il est important de se rappeler que la cohérence dans la pensée positive ne signifie pas ignorer les émotions négatives ou les défis. Au contraire, il est essentiel d'accepter et d'affronter ces émotions avec bienveillance. La clé réside dans la façon dont vous choisissez de réagir face à ces défis. Adoptez une mentalité de croissance en voyant les obstacles comme des opportunités d'apprentissage. Par exemple, si vous faites face à un échec, au lieu de vous blâmer, demandez-vous : « Qu'est-ce que je peux apprendre de cette expérience ? » Cette approche vous permet de transformer des moments difficiles en occasions de développement personnel.

En conclusion, le pouvoir de la cohérence dans la pensée positive réside dans notre capacité à aligner nos pensées, nos émotions et nos actions. En cultivant la conscience de soi, en établissant des intentions claires, en répétant des affirmations positives et en nourrissant un environnement favorable, nous pouvons renforcer notre état d'esprit positif. La gratitude, l'engagement et l'acceptation des défis sont également essentiels pour maintenir cette cohérence. En investissant dans votre bien-être émotionnel et mental, vous pouvez transformer votre vie et naviguer avec confiance sur le chemin de la croissance personnelle.

Chapitre 10 : Envisager une Vie Pleine de Positivité

Définir Votre Vision d'une Vie Positive

Dans notre quête d'une existence épanouissante et joyeuse, il est essentiel de définir clairement ce que signifie pour nous une vie positive. Avoir une vision claire de ce que l'on souhaite atteindre permet de donner un sens à nos actions, d'orienter nos choix et de cultiver un état d'esprit propice à la croissance personnelle. Dans cette section, nous allons explorer comment définir votre vision d'une vie positive, ainsi que les étapes nécessaires pour la réaliser.

Tout d'abord, qu'est-ce qu'une vision d'une vie positive ? Il ne s'agit pas seulement de penser positivement ou d'adopter une attitude optimiste. Une vision d'une vie positive implique de comprendre ce que vous désirez profondément, de vous connecter à vos valeurs et à ce qui vous rend vraiment heureux. Cela nécessite un examen introspectif pour identifier vos passions, vos aspirations et les éléments qui contribuent à votre bien-être. Prenez le temps de réfléchir à ce qui vous inspire et à ce que vous aimeriez accomplir dans votre vie.

Une méthode efficace pour commencer à définir votre vision est de créer un tableau de vision. Ce tableau, qui peut être physique ou numérique, est un collage d'images, de mots et de phrases qui représentent vos objectifs et vos rêves. Rassemblez des images qui évoquent des émotions positives et des souvenirs heureux. Cela peut inclure des photos de voyages, des citations inspirantes ou des représentations de vos objectifs professionnels. En ayant un tableau de vision tangible devant vous, vous aurez un rappel constant de vos aspirations et de ce que vous souhaitez manifester dans votre vie.

Une autre approche consiste à écrire une déclaration de vision. Prenez le temps de rédiger un texte qui décrit votre vie idéale. Incluez des détails sur votre carrière, vos relations, votre santé et vos loisirs. Que faites-vous dans votre vie quotidienne ? Comment vous sentez-vous ? Qui vous entoure ? En mettant par écrit votre vision, vous clarifiez vos désirs et créez un guide qui vous aidera à prendre des décisions alignées avec vos aspirations. Cette déclaration devient une feuille de route vers la vie que vous souhaitez mener.

Pour définir votre vision d'une vie positive, il est également crucial de réfléchir à vos valeurs fondamentales. Qu'est-ce qui est vraiment important pour vous ? Cela peut être la famille, la créativité, l'aventure, l'apprentissage continu ou la contribution à la société. En identifiant vos valeurs, vous pourrez vous assurer que votre vision est authentique et alignée avec qui vous êtes vraiment. Une vie positive est celle qui résonne avec vos valeurs, et chaque action que vous entreprenez devrait refléter ces principes.

Une fois que vous avez une vision claire, il est temps de définir des objectifs spécifiques et mesurables. Ces objectifs doivent être réalistes et atteignables, mais aussi suffisamment ambitieux pour vous pousser à sortir de votre zone de confort. Par exemple, si votre vision est de mener une vie plus saine, vous pourriez vous fixer des objectifs tels que « Je vais m'entraîner trois fois par semaine » ou « Je vais cuisiner un repas fait maison chaque jour ». En décomposant votre vision en étapes concrètes, vous pouvez progresser de manière systématique vers vos aspirations.

Il est également important de créer un plan d'action. Comment allez-vous atteindre ces objectifs ? Quelles ressources et quelles actions sont nécessaires ? Établir un calendrier pour vos étapes et suivre vos progrès peut vous aider à rester motivé. Cela crée un sentiment d'accomplissement à chaque petite victoire, renforçant ainsi votre confiance en vous et votre engagement envers votre vision.

Lorsque vous travaillez à réaliser votre vision d'une vie positive, n'oubliez pas de rester flexible. La vie est pleine d'imprévus, et il est possible que vos priorités changent avec le temps. Soyez prêt à ajuster votre vision et vos objectifs si nécessaire. Cette flexibilité vous permettra de rester ouvert aux nouvelles opportunités et aux chemins inattendus qui pourraient se présenter à vous.

La pratique de la gratitude est également essentielle pour maintenir une vision positive. Prenez le temps chaque jour de reconnaître les aspects positifs de votre vie, même les plus petits. Cela vous aidera à cultiver un état d'esprit positif et à vous concentrer sur ce qui est bon dans votre vie, plutôt que sur ce qui manque. La gratitude renforce votre engagement envers votre vision en vous rappelant pourquoi vous poursuivez ces objectifs.

Enfin, entourez-vous de personnes qui partagent des valeurs similaires et qui vous soutiennent dans votre parcours. Un réseau de soutien solide est essentiel pour maintenir votre motivation et votre engagement. Que ce soit des amis, des mentors ou des groupes d'entraide, ces relations vous apportent encouragement et inspiration. Partager votre vision avec les autres peut également créer des opportunités pour des collaborations enrichissantes et des encouragements mutuels.

En conclusion, définir votre vision d'une vie positive est un processus profond et transformateur. En prenant le temps de réfléchir à ce que vous souhaitez vraiment, en établissant des objectifs clairs et en créant un plan d'action, vous pouvez naviguer avec confiance vers une existence épanouissante. Soyez authentique dans votre quête, restez flexible face aux défis, et cultivez la gratitude tout au long du chemin. En investissant dans votre bien-être et en poursuivant votre vision, vous ouvrirez la porte à une vie pleine de positivité et d'épanouissement.

Fixer des Objectifs qui Correspondent à Vos Valeurs

Dans la quête d'une vie épanouissante et significative, la fixation d'objectifs joue un rôle central. Cependant, tous les objectifs ne se valent pas. Pour qu'ils soient réellement motivants et bénéfiques, ils doivent être alignés avec nos valeurs profondes. Les valeurs agissent comme une boussole personnelle, guidant nos décisions et nos actions. Dans cette section, nous allons explorer l'importance de fixer des objectifs qui correspondent à vos valeurs, ainsi que des stratégies pour les définir de manière efficace.

Tout d'abord, qu'est-ce que cela signifie de fixer des objectifs en accord avec vos valeurs ? Cela implique de s'assurer que ce que vous aspirez à accomplir dans votre vie est en harmonie avec ce qui vous tient à cœur. Lorsque vos objectifs sont alignés avec vos valeurs, vous êtes plus susceptible de rester motivé et engagé, même face aux défis. Par exemple, si l'une de vos valeurs fondamentales est la famille, un objectif qui vous oblige à travailler des heures supplémentaires au détriment de vos relations familiales peut générer un conflit intérieur et un sentiment de désatisfaction.

Pour commencer ce processus, il est essentiel de prendre le temps de réfléchir à vos valeurs personnelles. Qu'est-ce qui est vraiment important pour vous ? Cela peut inclure des aspects tels que la santé, la famille, la créativité, l'éducation, le service aux autres, la liberté ou l'épanouissement personnel. Une fois que vous avez identifié vos valeurs, il est utile de les hiérarchiser. Quelles sont les trois à cinq valeurs qui résonnent le plus avec vous ? Écrire ces valeurs peut aider à clarifier vos pensées et à les ancrer dans votre esprit.

Une fois que vous avez une compréhension claire de vos valeurs, il est temps de passer à la définition de vos objectifs. Commencez par formuler des objectifs qui s'alignent sur chacune de vos valeurs prioritaires. Par exemple, si l'une de vos valeurs est la santé, un objectif pourrait être de faire de l'exercice régulièrement ou d'adopter une alimentation équilibrée. Si vous valorisez l'éducation, un objectif pertinent pourrait être de suivre un cours ou de lire un certain nombre de livres par an. En étant spécifique dans vos objectifs, vous augmentez vos chances de les atteindre.

Il est également utile d'appliquer la méthode SMART pour définir vos objectifs. SMART signifie : Spécifique, Mesurable, Atteignable, Réaliste et Temporel. Par exemple, au lieu de dire « Je veux être en forme », un objectif SMART pourrait être « Je vais faire 30 minutes de jogging trois fois par semaine pendant les trois prochains mois ». Cette méthode vous aide à clarifier vos objectifs et à établir un plan d'action concret.

Une fois vos objectifs définis, il est crucial de rester connecté à vos valeurs tout au long de votre parcours. Révisez régulièrement vos objectifs et demandez-vous s'ils restent en phase avec ce qui est important pour vous. Les circonstances de la vie peuvent évoluer, et il est essentiel de s'assurer que vos objectifs continuent à refléter vos valeurs. Si un objectif ne vous inspire plus ou semble déconnecté de vos valeurs, n'hésitez pas à le réévaluer ou à le modifier.

Le soutien social joue également un rôle essentiel dans la réalisation de vos objectifs. Partagez vos aspirations avec des amis, des proches ou des mentors qui partagent vos valeurs. Ces personnes peuvent vous offrir des encouragements, des conseils et une responsabilité qui vous aideront à rester sur la bonne voie. Travailler en groupe ou rejoindre des communautés partageant les mêmes intérêts peut également renforcer votre motivation et vous inspirer à aller de l'avant.

Un autre aspect important est la célébration des petites victoires. Chaque fois que vous atteignez un objectif, même s'il est modeste, prenez le temps de célébrer votre succès. Cela peut renforcer votre engagement envers vos valeurs et vous rappeler pourquoi vous poursuivez ces objectifs. La célébration peut prendre la forme d'un simple moment de gratitude, d'un repas spécial ou même d'une activité que vous appréciez. Cette reconnaissance de vos progrès contribue à nourrir votre motivation et à renforcer votre confiance en vous.

Il est également crucial de cultiver la résilience face aux obstacles. La route vers la réalisation de vos objectifs ne sera pas toujours linéaire. Il est inévitable de rencontrer des défis en cours de route. Lorsque cela se produit, rappelez-vous que ces difficultés peuvent être des opportunités d'apprentissage. En faisant preuve de résilience, vous pouvez surmonter les revers et continuer à avancer vers vos objectifs tout en restant fidèle à vos valeurs.

Enfin, gardez à l'esprit que la fixation d'objectifs n'est pas seulement un exercice pratique, mais un moyen d'explorer qui vous êtes en tant qu'individu. En vous engageant à vivre en accord avec vos valeurs, vous créez une vie qui vous ressemble véritablement. Cela nécessite une introspection continue et une ouverture à l'évolution de vos aspirations.

En conclusion, fixer des objectifs qui correspondent à vos valeurs est essentiel pour mener une vie épanouissante et significative. En réfléchissant à vos valeurs, en établissant des objectifs spécifiques, en cherchant du soutien et en célébrant vos succès, vous pouvez créer un chemin qui vous rapproche de la vie que vous souhaitez mener. Engagez-vous à rester fidèle à vous-même tout au long de ce processus, et vous découvrirez que la réalisation de vos objectifs est non seulement gratifiante, mais aussi une véritable expression de votre identité.

Célébrer les Petites Victoires en Cours de Route

Dans notre parcours vers l'atteinte de nos objectifs, il est facile de se concentrer uniquement sur les grandes réalisations, en oubliant souvent l'importance des petites victoires. Célébrer ces petites étapes peut non seulement renforcer notre motivation, mais aussi nous aider à maintenir une attitude positive tout au long de notre cheminement. Dans cette section, nous explorerons pourquoi il est crucial de célébrer ces petites victoires et comment le faire de manière significative.

Tout d'abord, qu'est-ce qu'une petite victoire ? Il peut s'agir d'un progrès modeste qui nous rapproche de nos objectifs globaux. Par exemple, si vous travaillez à améliorer votre condition physique, le fait d'avoir réussi à vous entraîner trois fois dans une semaine, plutôt que de vous concentrer uniquement sur la perte de poids, est une petite victoire. Ces moments de réussite, bien que parfois perçus comme insignifiants, sont des jalons importants qui méritent d'être reconnus.

Célébrer les petites victoires est essentiel pour plusieurs raisons. Tout d'abord, cela contribue à renforcer notre confiance en nous. Chaque fois que nous prenons le temps de reconnaître un accomplissement, même minime, nous renforçons notre sentiment de compétence et notre capacité à réussir. Cela crée un cercle vertueux : plus nous célébrons nos succès, plus nous sommes motivés à continuer à avancer et à relever de nouveaux défis.

De plus, la célébration des petites victoires nous aide à garder une perspective positive. Dans le monde trépidant d'aujourd'hui, où la pression de réussir peut être écrasante, il est facile de tomber dans le piège de la négativité. En mettant l'accent sur nos succès, nous développons une attitude de gratitude qui nous rappelle que chaque étape compte, peu importe sa taille. Cela peut également réduire le stress et l'anxiété, car nous apprenons à apprécier le processus plutôt que de nous focaliser uniquement sur le résultat final.

Pour célébrer efficacement ces petites victoires, il est important de trouver des moyens qui résonnent avec nous personnellement. Cela peut prendre différentes formes selon les individus. Par exemple, certaines personnes aiment se récompenser avec une friandise ou un moment de détente après avoir atteint un objectif. D'autres peuvent préférer partager leur succès avec des amis ou des proches. L'important est de choisir une méthode de célébration qui vous semble authentique et qui vous apporte de la joie.

Une technique simple mais efficace consiste à tenir un journal des réussites. Chaque fois que vous atteignez un objectif, même modeste, notez-le dans ce journal. Cela peut être un rappel précieux lors des moments difficiles, lorsque la motivation commence à faiblir. Feuilleter les pages de vos succès passés peut raviver votre enthousiasme et vous encourager à continuer à avancer.

Il est également bénéfique de partager vos petites victoires avec votre entourage. Que ce soit sur les réseaux sociaux ou lors de discussions en face à face, parler de vos réussites permet de renforcer votre engagement et de recevoir des encouragements. Vous pourriez être surpris de la manière dont vos amis et votre famille réagissent positivement à vos progrès. Leur soutien peut enrichir votre expérience et vous motiver à poursuivre vos efforts.

Les célébrations ne doivent pas nécessairement être extravagantes. Parfois, un simple moment de réflexion est suffisant. Prenez le temps de vous arrêter, de respirer profondément et de reconnaître ce que vous avez accompli. Cela peut être fait au début ou à la fin de chaque journée. Réfléchir à vos petites victoires vous aide à ancrer ces succès dans votre esprit et à renforcer votre détermination.

Il est également utile de créer des rituels autour de vos célébrations. Par exemple, chaque fois que vous atteignez un objectif, vous pourriez décider d'allumer une bougie, d'écrire une note de remerciement à vous-même ou de prendre un moment pour méditer. Ces rituels ajoutent une dimension significative à vos célébrations et vous aident à les intégrer dans votre quotidien.

En outre, l'importance de célébrer les petites victoires ne se limite pas à votre propre parcours. En tant qu'individu, vous avez également la capacité d'encourager les autres à reconnaître leurs succès. Si vous êtes dans un environnement de travail ou un groupe de soutien, prenez l'initiative de célébrer les réalisations des autres. Reconnaître les efforts des membres de votre équipe ou de vos amis contribue à créer une culture positive où chacun se sent valorisé et motivé.

Enfin, rappelez-vous que chaque victoire, quelle que soit sa taille, est un pas vers vos objectifs. En adoptant cette mentalité, vous vous libérez de la pression de devoir réaliser des exploits spectaculaires en permanence. La vie est une accumulation de petites étapes, et chacune mérite d'être célébrée. Cette approche favorise une attitude d'appréciation envers votre cheminement et les efforts que vous déployez.

En conclusion, célébrer les petites victoires en cours de route est essentiel pour maintenir une motivation durable et un état d'esprit positif. En reconnaissant vos succès, en partageant vos réalisations et en cultivant des rituels autour de ces célébrations, vous enrichissez votre expérience personnelle et renforcez votre engagement envers vos objectifs. La route peut être longue et semée d'embûches, mais chaque pas en avant compte. Engagez-vous à célébrer vos petites victoires et observez comment cela transforme votre parcours vers une vie pleine de positivité et d'épanouissement.

Votre Voyage pour Transformer Votre Vie de l'Intérieur

Chaque voyage de transformation commence par un pas, une décision consciente de se diriger vers une vie plus épanouissante et significative. La transformation de votre vie de l'intérieur n'est pas seulement un désir de changement extérieur, mais un profond processus d'auto-découverte et d'évolution personnelle. Dans cette section, nous allons explorer les étapes essentielles pour entreprendre ce voyage et comment chaque individu peut initier des changements durables dans sa vie.

Pour commencer, il est crucial de comprendre que la transformation personnelle est un voyage, et non une destination. Cela signifie qu'il n'existe pas de solution rapide ou de miracle pour changer du jour au lendemain. La clé réside dans l'engagement envers soi-même et la volonté d'explorer les différentes facettes de votre être. Ce processus demande du temps, de la patience et, surtout, une intention claire de vouloir évoluer.

Une des premières étapes de ce voyage consiste à faire un bilan de votre vie actuelle. Prenez le temps d'évaluer les différents aspects de votre existence : vos relations, votre carrière, votre santé, votre bien-être émotionnel et vos passions. Qu'est-ce qui fonctionne bien pour vous ? Qu'est-ce qui nécessite une attention particulière ? Écrire vos réflexions dans un journal peut être un excellent moyen de clarifier vos pensées et de mettre en lumière les domaines que vous souhaitez améliorer.

Une fois que vous avez une compréhension claire de votre situation actuelle, il est temps de définir vos intentions. Qu'est-ce que vous voulez vraiment ? Quels changements souhaitez-vous apporter ? Il peut s'agir d'objectifs spécifiques, comme améliorer votre santé, renforcer vos compétences professionnelles ou créer des relations plus authentiques. En définissant vos intentions, vous donnez une direction à votre voyage et créez une vision claire de ce que vous aspirez à devenir.

L'étape suivante consiste à cultiver une mentalité de croissance. Cela signifie adopter une attitude ouverte à l'apprentissage et à l'évolution. Une mentalité de croissance vous permet de voir les défis comme des occasions d'apprendre plutôt que comme des obstacles insurmontables. Lorsque vous faites face à des difficultés, demandez-vous ce que vous pouvez en tirer. Cette approche transforme chaque expérience, qu'elle soit positive ou négative, en une leçon précieuse sur votre chemin.

Un autre aspect essentiel de votre voyage de transformation est la pratique de la pleine conscience. La pleine conscience consiste à porter une attention consciente au moment présent, sans jugement. Cela vous aide à mieux comprendre vos pensées et vos émotions, vous permettant ainsi de réagir de manière plus réfléchie plutôt que de manière impulsive. Intégrer des pratiques de pleine conscience dans votre quotidien, que ce soit par la méditation, la respiration consciente ou la simple observation de vos sensations, peut avoir un impact profond sur votre état d'esprit et votre bien-être général.

La gestion de votre environnement est également cruciale pour soutenir votre transformation. Entourez-vous de personnes qui vous inspirent et vous encouragent dans votre cheminement. La qualité de vos relations peut influencer considérablement votre état d'esprit. Partager votre voyage avec des amis ou des mentors qui partagent vos valeurs et vos aspirations peut enrichir votre expérience. De plus, créez un espace de vie qui reflète vos objectifs et vos désirs. Un environnement positif et inspirant peut renforcer votre motivation et votre engagement.

La célébration des petites victoires est une autre composante clé de ce voyage. Chaque étape que vous franchissez mérite d'être reconnue et célébrée. Cela peut sembler anodin, mais prendre le temps d'apprécier vos progrès, même s'ils sont modestes, renforce votre confiance en vous et votre détermination. Créez des rituels pour célébrer vos réussites, qu'il s'agisse d'un simple moment de gratitude, d'un repas spécial ou d'une activité que vous appréciez.

N'oubliez pas que la transformation personnelle est souvent

accompagnée de moments de doute et d'incertitude. Il est normal de rencontrer des obstacles sur votre chemin. Plutôt que de vous décourager, utilisez ces défis comme des occasions de renforcer votre résilience. La résilience est la capacité de rebondir après des difficultés et de continuer à avancer. Lorsque vous faites face à des revers, rappelez-vous pourquoi vous avez entrepris ce voyage et concentrez-vous sur les leçons que vous pouvez en tirer.

Un autre aspect essentiel de votre transformation intérieure est la pratique de l'auto-compassion. Soyez doux avec vous-même tout au long de ce voyage. Reconnaissez que vous êtes humain et que l'erreur fait partie intégrante du processus d'apprentissage. Au lieu de vous critiquer lorsque vous faiblissez, offrez-vous la même compréhension et le même soutien que vous donneriez à un ami. L'auto-compassion favorise un climat émotionnel positif qui encourage la croissance et le changement.

Enfin, engagez-vous à rester flexible. La vie est pleine d'imprévus et il est essentiel de s'adapter aux changements. Votre vision et vos objectifs peuvent évoluer au fil du temps, et c'est tout à fait normal. Soyez ouvert aux nouvelles possibilités et n'hésitez pas à ajuster votre parcours en fonction de vos expériences et de votre intuition. Cette flexibilité vous permettra de naviguer avec confiance dans les eaux parfois tumultueuses du changement.

En conclusion, votre voyage pour transformer votre vie de l'intérieur est une aventure unique et personnelle. En réfléchissant à votre situation actuelle, en définissant vos intentions, en cultivant une mentalité de croissance et en pratiquant la pleine conscience, vous pouvez vous engager pleinement dans ce processus. N'oubliez pas de célébrer vos petites victoires, de vous entourer de soutien et de faire preuve de compassion envers vous-même. En investissant dans votre bien-être et en vous adaptant aux défis, vous ouvrez la porte à une vie riche en significations et en épanouissement. Chaque pas que vous faites sur ce chemin est une étape vers une version plus authentique et positive de vous-même.

Conclusion

Résumé des Étapes pour une Vie Plus Positive

À la lumière des réflexions et des stratégies que nous avons explorées tout au long de ce livre, il est essentiel de résumer les étapes clés qui peuvent nous mener vers une vie plus positive. La transformation de notre état d'esprit et l'adoption d'une approche optimiste de la vie ne se font pas du jour au lendemain. C'est un processus continu qui nécessite de la patience, de la persévérance et une intention claire. Dans cette conclusion, nous passerons en revue les principes fondamentaux qui peuvent nous guider sur ce chemin.

Tout d'abord, il est crucial d'engager une introspection sincère. Avant de pouvoir apporter des changements significatifs, il est indispensable de se connaître soi-même. Prenez le temps d'examiner vos valeurs, vos passions et vos aspirations. Qu'est-ce qui vous rend vraiment heureux ? Quelles sont les choses que vous chérissez le plus dans votre vie ? Cette connaissance de soi vous servira de base solide pour établir des objectifs qui résonnent avec votre essence même.

Une fois que vous avez une vision claire de vos valeurs et de ce que vous souhaitez accomplir, il est temps de définir des objectifs spécifiques. Ces objectifs doivent être en harmonie avec vos valeurs et suffisamment réalistes pour être atteignables. Utilisez la méthode SMART (Spécifique, Mesurable, Atteignable, Réaliste et Temporel) pour structurer vos objectifs. Par exemple, si votre objectif est de renforcer votre santé physique, vous pourriez vous fixer comme but de faire de l'exercice trois fois par semaine pendant trois mois. En décomposant vos aspirations en étapes concrètes, vous facilitez leur réalisation.

Il est également essentiel de cultiver une mentalité de croissance. Cette attitude vous permettra d'accueillir les défis comme des opportunités d'apprentissage plutôt que comme des obstacles insurmontables. Lorsque vous faites face à des revers, demandez-vous ce que vous pouvez en tirer et comment vous pouvez en sortir renforcé. Cette approche constructive vous aidera à maintenir une perspective positive, même dans les moments difficiles.

La pratique de la pleine conscience est une autre clé pour développer une vie plus positive. La pleine conscience vous permet d'être présent dans le moment, d'observer vos pensées et vos émotions sans jugement. En intégrant des moments de pleine conscience dans votre quotidien, que ce soit par la méditation, la respiration consciente ou simplement en prenant le temps d'apprécier l'instant présent, vous pourrez mieux gérer le stress et renforcer votre résilience émotionnelle.

Un autre aspect fondamental est l'importance du soutien social. Entourez-vous de personnes qui vous inspirent et vous motivent à être la meilleure version de vous-même. Partagez vos objectifs et vos réussites avec vos proches. Leur soutien et leur encouragement peuvent avoir un impact significatif sur votre parcours. Rejoindre des groupes ou des communautés qui partagent vos valeurs et vos intérêts peut également renforcer votre motivation et vous fournir un espace où vous pouvez vous exprimer librement.

Célébrer vos petites victoires est essentiel pour maintenir une attitude positive. Chaque étape que vous franchissez, même minime, mérite d'être reconnue. Prenez le temps de réfléchir à vos réussites et d'en faire un moment de gratitude. Cela peut être aussi simple que d'écrire dans un journal vos succès quotidiens ou de prendre un moment pour vous féliciter après avoir atteint un objectif. La reconnaissance de vos progrès renforce votre confiance en vous et vous encourage à poursuivre vos efforts.

La gestion du stress et des émotions est également cruciale pour mener une vie positive. Apprenez à identifier les sources de stress dans votre vie et développez des stratégies pour les gérer. Cela peut inclure des pratiques de relaxation, telles que le yoga ou la méditation, ou des techniques de gestion du temps pour éviter de vous sentir débordé. La prise de conscience de vos émotions et leur acceptation vous permettra de mieux naviguer à travers les hauts et les bas de la vie.

N'oubliez pas que la transformation personnelle est un voyage, et non une destination. Soyez flexible et ouvert aux ajustements en cours de route. Vos objectifs et vos aspirations peuvent évoluer, et c'est tout à fait normal. Ce qui importe, c'est votre engagement envers vous-même et votre volonté de grandir et d'apprendre à chaque étape.

En outre, cultiver une attitude de gratitude joue un rôle essentiel dans le maintien d'un état d'esprit positif. Prenez le temps chaque jour de réfléchir aux choses pour lesquelles vous êtes reconnaissant. Cela peut sembler simple, mais cette pratique peut avoir un impact profond sur votre bien-être. En vous concentrant sur le positif, vous entraînez votre esprit à voir le bon côté des choses, même dans les moments difficiles.

Enfin, rappelez-vous que chaque personne a son propre chemin. Ne vous comparez pas aux autres et évitez de vous laisser décourager par les attentes sociétales. Chaque voyage est unique et mérite d'être célébré. Accordez-vous la permission de suivre votre propre rythme et de trouver votre propre voie vers une vie plus positive.

En résumé, la transformation vers une vie plus positive nécessite une combinaison d'introspection, de définition d'objectifs, de pratique de la pleine conscience, de soutien social, de célébration des victoires et de gestion du stress. En intégrant ces principes dans votre quotidien, vous pouvez créer une vie épanouissante, authentique et pleine de sens. L'engagement envers vous-même et la volonté d'évoluer sont les clés qui ouvriront la porte à une existence plus joyeuse et significative. Alors, commencez ce voyage aujourd'hui, un pas à la fois, et découvrez le pouvoir de la positivité dans votre vie.

Invitation à la Pratique Continue et à la Croissance

La croissance personnelle est un voyage sans fin, une aventure qui nous pousse à nous découvrir, à apprendre et à nous améliorer continuellement. À travers ce livre, nous avons exploré divers concepts et outils qui peuvent nous aider à cultiver un état d'esprit positif et à transformer nos vies. Cependant, il est essentiel de reconnaître que la véritable transformation ne se produit pas simplement en lisant un livre ou en suivant des conseils, mais en intégrant ces principes dans notre vie quotidienne de manière pratique et réfléchie. C'est pourquoi cette invitation à la pratique continue et à la croissance est cruciale.

Tout d'abord, il est important de comprendre que la pratique continue est la clé du succès dans tout domaine de la vie. Les habitudes que nous formons, les rituels que nous établissons et les engagements que nous prenons envers nous-mêmes sont des éléments fondamentaux pour soutenir notre croissance. Chaque jour représente une nouvelle opportunité de mettre en pratique ce que nous avons appris et d'appliquer ces enseignements dans notre quotidien.

L'un des moyens les plus efficaces d'encourager la pratique continue est de créer une routine quotidienne. Une routine bien structurée peut vous aider à intégrer des activités qui favorisent votre développement personnel. Par exemple, vous pourriez commencer votre journée par une séance de méditation pour vous centrer et préparer votre esprit à affronter les défis. Ensuite, prenez quelques minutes pour revoir vos objectifs et réfléchir aux étapes que vous pouvez entreprendre ce jour-là pour les atteindre. Cette habitude quotidienne d'auto-réflexion vous gardera sur la bonne voie et vous aidera à rester engagé dans votre processus de croissance.

Un autre aspect fondamental de la pratique continue est la nécessité de rester curieux et ouvert à l'apprentissage. Le monde qui nous entoure est en constante évolution, et il existe toujours de nouvelles compétences à acquérir, de nouvelles perspectives à explorer et de nouvelles expériences à vivre. Engagez-vous à apprendre quelque chose de nouveau chaque jour, que ce soit à travers des livres, des cours en ligne, des podcasts ou des discussions avec des personnes inspirantes. La curiosité est une force motrice qui alimente notre croissance personnelle et nous pousse à dépasser nos limites.

Il est également essentiel de cultiver un environnement de soutien qui encourage la pratique continue. Entourez-vous de personnes qui partagent vos aspirations et qui vous motivent à progresser. Partagez vos objectifs et vos réussites avec elles, et n'hésitez pas à demander des retours d'information. Créer des liens avec des personnes qui vous soutiennent peut rendre le chemin de la croissance beaucoup plus enrichissant et agréable. De plus, participer à des groupes ou à des communautés qui se concentrent sur le développement personnel peut offrir un cadre précieux pour échanger des idées, des expériences et des conseils.

Un autre aspect important est la capacité de rester adaptable et flexible dans votre approche de la croissance. Parfois, malgré nos meilleures intentions, les choses ne se passent pas comme prévu. Des défis imprévus peuvent surgir, et nos objectifs peuvent nécessiter des ajustements. Plutôt que de vous décourager face à ces obstacles, utilisez-les comme des occasions d'apprentissage. Demandez-vous ce que vous pouvez tirer de chaque expérience, même des plus difficiles. Cette attitude d'adaptabilité vous permettra de maintenir votre motivation et de rester engagé dans votre parcours de croissance, peu importe les circonstances.

La pratique de la gratitude est également essentielle pour soutenir une croissance continue. En cultivant une attitude de gratitude, vous apprenez à apprécier les petites choses de la vie et à célébrer vos progrès, quels qu'ils soient. Prenez le temps chaque jour de réfléchir à ce pour quoi vous êtes reconnaissant. Cela peut être aussi simple que d'apprécier un moment de calme, une conversation avec un ami ou un accomplissement dans votre travail. La gratitude nourrit votre état d'esprit positif et renforce votre motivation à poursuivre votre développement personnel.

De plus, il est essentiel de se rappeler que la croissance personnelle est un processus, pas un événement. Cela signifie que les résultats peuvent prendre du temps à se manifester. Soyez patient avec vous-même et évitez de vous comparer aux autres. Chaque personne a son propre parcours, et ce qui fonctionne pour une personne peut ne pas convenir à une autre. Concentrez-vous sur votre propre chemin et sur les progrès que vous réalisez. La persévérance est la clé, et chaque petite étape que vous franchissez vous rapproche de vos objectifs.

Il est également bénéfique d'établir des mécanismes de suivi pour évaluer vos progrès. Prenez le temps, chaque semaine ou chaque mois, de revoir vos objectifs et d'analyser vos réalisations. Qu'est-ce qui a bien fonctionné ? Quelles stratégies ont été efficaces ? Y a-t-il des domaines dans lesquels vous pouvez vous améliorer ? Cette réflexion régulière vous permettra d'ajuster votre approche et d'assurer une progression continue.

Enfin, n'oubliez pas de célébrer vos succès. Qu'ils soient grands ou petits, chaque accomplissement mérite d'être reconnu. La célébration des étapes franchies renforce votre confiance en vous et vous rappelle combien vous êtes capable de réalisations. Créez des rituels autour de ces célébrations, que ce soit par le biais d'un moment de réflexion, d'un repas spécial ou d'une activité qui vous fait plaisir. Ces moments de célébration vous aideront à rester motivé et à continuer à avancer.

En conclusion, l'invitation à la pratique continue et à la croissance est essentielle pour mener une vie épanouissante et positive. En intégrant des routines, en restant curieux, en cultivant un environnement de soutien, en étant adaptable et en pratiquant la gratitude, vous pouvez favoriser votre développement personnel tout au long de votre vie. La transformation ne se produit pas du jour au lendemain, mais chaque pas que vous faites vers votre objectif compte. Engagez-vous à nourrir votre croissance et à célébrer chaque étape de votre voyage. Le chemin vers une vie plus positive est une aventure enrichissante, et vous en êtes le héros.

Réflexions Finales pour le Lecteur

Alors que nous arrivons à la fin de ce voyage exploratoire sur la pensée positive et le développement personnel, il est essentiel de prendre un moment pour réfléchir à ce que nous avons appris et à la manière dont nous pouvons appliquer ces connaissances dans notre vie quotidienne. La transformation personnelle est un processus continu qui exige non seulement de l'engagement, mais aussi une volonté d'apprendre et de grandir à chaque étape du chemin. Voici quelques réflexions finales qui, je l'espère, vous encourageront à poursuivre votre propre chemin vers une vie plus épanouissante.

Tout d'abord, rappelez-vous que le changement commence de l'intérieur. Avant de pouvoir influencer votre environnement extérieur, vous devez d'abord vous engager dans une transformation personnelle. Cela nécessite une introspection honnête et une volonté de vous confronter à vos pensées et à vos émotions. Prenez le temps de vous connaître, d'explorer vos valeurs, vos croyances et vos motivations. Ce travail intérieur est essentiel pour établir une base solide sur laquelle vous pouvez bâtir une vie plus positive.

Ensuite, il est crucial de reconnaître que la pensée positive ne signifie pas ignorer les défis ou les difficultés. Au contraire, il s'agit d'adopter une approche constructive face aux obstacles. Lorsque vous rencontrez des difficultés, essayez de les percevoir comme des occasions d'apprentissage et de croissance. Chaque échec, chaque revers peut vous enseigner quelque chose de précieux si vous êtes ouvert à cette perspective. Cultiver cette mentalité de croissance vous permettra de naviguer avec résilience à travers les tempêtes de la vie.

Une autre réflexion importante concerne l'importance de la gratitude. Dans notre quête d'une vie plus positive, il est facile de se concentrer sur ce qui nous manque ou sur les choses que nous voulons encore réaliser. Cependant, il est tout aussi crucial de prendre le temps d'apprécier ce que nous avons déjà. Tenez un journal de gratitude où vous notez chaque jour quelques éléments pour lesquels vous êtes reconnaissant. Cela peut être une source de joie et de motivation, renforçant votre capacité à voir le positif même dans les moments difficiles.

Il est également essentiel de construire un réseau de soutien autour de vous. Entourez-vous de personnes qui partagent vos valeurs et qui vous encouragent à grandir. Les relations positives peuvent jouer un rôle déterminant dans votre parcours de transformation. Que ce soit des amis, des mentors ou des groupes de soutien, ces connexions peuvent vous fournir des encouragements précieux, des conseils pratiques et un espace où vous pouvez partager vos expériences et vos défis.

N'oubliez pas que célébrer les petites victoires est tout aussi important que de viser de grands objectifs. Chaque étape que vous franchissez mérite d'être reconnue et célébrée. Que ce soit une amélioration dans votre état d'esprit, l'accomplissement d'une tâche difficile ou l'adoption d'une nouvelle habitude, prenez le temps de vous féliciter. Ces moments de reconnaissance renforcent votre motivation et vous rappellent que chaque progrès compte.

Au fil de votre parcours, restez flexible et adaptable. La vie est pleine d'imprévus, et il est inévitable que vous rencontriez des obstacles en cours de route. Plutôt que de vous décourager, apprenez à vous ajuster et à évoluer avec les circonstances. Cette capacité à pivoter et à changer de cap quand cela est nécessaire est une compétence précieuse qui vous servira tout au long de votre vie.

Enfin, rappelez-vous que le voyage vers une vie plus positive est un processus individuel. Ne vous comparez pas aux autres et évitez de vous laisser influencer par les attentes extérieures. Chacun a son propre parcours, et il est essentiel d'honorer le vôtre. Écoutez votre intuition et suivez votre propre rythme. Le succès est subjectif et peut prendre de nombreuses formes. Ce qui importe, c'est de trouver ce qui fonctionne pour vous et de vous engager à vivre en accord avec vos valeurs.

À mesure que vous avancez sur ce chemin, gardez à l'esprit que la croissance personnelle ne se limite pas à la réalisation d'objectifs. Il s'agit également de devenir la meilleure version de vous-même. Prenez le temps de cultiver des habitudes qui nourrissent votre esprit, votre corps et votre âme. Engagez-vous à prendre soin de vous-même, à nourrir votre curiosité et à explorer de nouvelles passions. La vie est un voyage d'apprentissage continu, et chaque jour offre une nouvelle occasion de grandir.

En conclusion, alors que vous intégrez les enseignements de ce livre dans votre vie, sachez que vous avez le pouvoir de transformer votre réalité de l'intérieur. Votre état d'esprit, vos actions et votre engagement envers votre développement personnel sont les clés qui ouvriront la porte à une vie plus positive et épanouissante. Restez engagé dans ce processus, célébrez vos réussites et n'hésitez pas à demander de l'aide en cours de route. Le chemin que vous empruntez est unique, et chaque pas que vous faites vous rapproche d'une vie pleine de sens et de bonheur.

Engagez-vous dès aujourd'hui à poursuivre ce voyage. Transformez votre vie de l'intérieur et inspirez les autres à faire de même. Ensemble, nous pouvons créer un monde où la positivité, la croissance et la compassion prédominent, rendant notre existence plus riche et plus significative.

Remarques de Clôture

Alors que nous terminons ce voyage à travers les principes de la pensée positive et du développement personnel, je souhaite exprimer ma profonde gratitude envers vous, chers lecteurs. Votre engagement à explorer ces concepts et à les intégrer dans votre vie est un pas significatif vers la transformation personnelle. Ce livre n'est pas seulement un ensemble de théories, mais un appel à l'action pour chacun d'entre vous. J'espère que les idées et les outils partagés ici vous inspireront à poursuivre votre quête d'une vie plus épanouissante et significative.

Chaque chapitre a été conçu pour vous guider sur le chemin de la découverte de soi, de la résilience et de l'épanouissement. En appliquant ces enseignements dans votre quotidien, vous pouvez non seulement améliorer votre propre vie, mais aussi influencer positivement ceux qui vous entourent. La pensée positive est contagieuse, et en cultivant un état d'esprit positif, vous devenez un phare d'inspiration pour les autres.

Je vous encourage à continuer à pratiquer les concepts abordés dans ce livre. Que ce soit par la méditation, l'établissement d'objectifs ou la célébration de vos petites victoires, chaque geste compte. Ne sous-estimez jamais l'impact que vous pouvez avoir sur votre propre vie et celle des autres. Chaque pas vers l'avant est un pas vers une existence plus joyeuse et plus enrichissante.

Je souhaite également vous rappeler que le chemin vers la croissance personnelle est un processus. Il est normal de rencontrer des obstacles et de faire face à des moments de doute. Soyez patient avec vous-même et restez engagé dans votre voyage. Les progrès peuvent parfois sembler lents, mais chaque effort compte. La persévérance est la clé pour surmonter les défis et continuer à avancer.

En terminant, je vous invite à explorer davantage, à apprendre sans relâche et à nourrir votre curiosité. La vie est une série d'opportunités pour grandir et se développer. Profitez de chaque instant, restez ouvert aux nouvelles expériences et rappelez-vous que vous avez le pouvoir de façonner votre réalité.

Merci de m'avoir accompagné dans cette exploration. Que votre voyage vers une vie pleine de positivité soit riche en découvertes et en transformations.

•Remerciements

La création de ce livre a été un voyage inspirant, qui n'aurait pas été possible sans le soutien, la perspicacité et les encouragements de nombreuses personnes. Tout d'abord, je tiens à exprimer ma profonde gratitude à ma famille et à mes amis, dont le soutien indéfectible a été une source constante de motivation. Votre confiance en moi m'a aidé à rester concentré et fidèle à la vision que j'avais de ce travail.

Je suis également profondément reconnaissant aux mentors et aux collègues qui ont partagé leur sagesse et leurs conseils tout au long de mon parcours. Vos commentaires, vos encouragements et vos points de vue ont ajouté de la profondeur à ce livre et ont enrichi ma propre compréhension de la positivité et du développement personnel.

Enfin, je m'adresse à vous, lecteur, pour vous remercier d'avoir investi votre temps et votre confiance dans ce livre. Je suis honoré de faire partie de votre parcours et j'espère que ces mots seront pour vous une source de force et d'inspiration tout au long de votre chemin. Puisse ce livre apporter de la valeur à votre vie, tout comme l'aventure de sa rédaction a apporté un but et un accomplissement à la mienne.

•Ressources Recommandées

Pour ceux qui souhaitent approfondir leur compréhension de la pensée positive, de la résilience et du développement personnel, je vous recommande les ressources suivantes qui ont inspiré et guidé ma propre réflexion. Ces livres, sites web et applications offrent des perspectives pratiques et des outils qui peuvent compléter les pratiques que vous avez découvertes dans ce livre.

Livres :

Le Pouvoir de la Pensée Positive de Norman Vincent Peale
Ce classique explore comment une attitude positive peut transformer votre vie et vous aider à surmonter les obstacles.

Changer de Mentalité : Une Nouvelle Psychologie de la Réussite de Carol S. Dweck
L'auteur présente l'idée que notre mentalité peut influencer nos succès et nous donne des outils pour cultiver une mentalité de croissance.

Le Miracle de la Pleine Conscience de Thich Nhat Hanh
Ce livre propose des pratiques de pleine conscience qui peuvent nous aider à vivre pleinement dans l'instant présent.

Des Habitudes Atomiques de James Clear
Un guide pratique sur la manière de créer des habitudes durables et d'améliorer votre vie au quotidien.

Sites Web et Blogs :

Psychologie Positive (positivepsychology.com)
Une plateforme riche en articles et en ressources sur la psychologie positive et le bien-être.

Tiny Buddha (tinybuddha.com)
Ce blog offre des réflexions inspirantes et des conseils sur la vie, le bonheur et la pleine conscience.

Mindful (mindful.org)
Un site dédié à la pratique de la pleine conscience, avec des ressources et des exercices pour intégrer la méditation dans votre vie.

Applications :

Headspace – Pour la pleine conscience et la méditation.
Cette application propose des séances guidées de méditation adaptées à différents niveaux et objectifs.

Gratitude – Pour tenir un journal de gratitude quotidien.
Une application simple et intuitive pour capturer vos moments de gratitude et cultiver un état d'esprit positif.

Calm – Pour la relaxation, la pleine conscience et la gestion du stress.
Calm propose des exercices de respiration, des histoires pour s'endormir et des méditations guidées.

Ces ressources offrent des perspectives diverses et des techniques pour enrichir votre parcours vers une vie positive et épanouissante. N'hésitez pas à explorer celles qui résonnent le plus avec vous et à les intégrer dans vos pratiques quotidiennes.

•Auto-Évaluation et Pratiques Supplémentaires

La culture d'un état d'esprit positif est un processus continu d'auto-réflexion et de croissance. Pour vous aider à approfondir votre pratique, j'ai inclus une simple auto-évaluation qui vous permet de réfléchir à votre état d'esprit actuel, à vos habitudes et aux domaines dans lesquels vous pouvez progresser. Cette évaluation vous permettra de mesurer vos progrès, d'identifier vos points forts et de déterminer les domaines sur lesquels vous aimeriez vous concentrer.

Auto-évaluation

Prenez quelques instants pour réfléchir aux questions suivantes et notez vos réponses :
1. Quels sont les domaines de ma vie qui me semblent les plus positifs et les plus satisfaisants en ce moment ?
2. Dans quels domaines ai-je tendance à ressentir le plus de stress ou de négativité ?

3. Quelles sont mes habitudes quotidiennes pour entretenir un état d'esprit positif ?
4. À quelle fréquence est-ce que je pratique la gratitude, la pleine conscience ou d'autres exercices positifs ?
5. Quels sont les domaines que j'aimerais améliorer pour apporter plus de positivité dans ma vie ?

Pratiques supplémentaires

En plus des exercices proposés tout au long de ce livre, voici quelques autres façons de soutenir votre cheminement vers un état d'esprit positif :

- **Réflexion hebdomadaire sur la gratitude**: Réservez du temps chaque semaine pour passer en revue et réfléchir aux moments qui vous ont apporté de la joie ou du réconfort. Consignez ces moments dans un journal dédié.
- **Visualisation positive**: Avant un événement ou une tâche difficile, fermez les yeux et visualisez un résultat positif. Imaginez comment vous vous sentirez et réagirez positivement.
- **Examen mensuel des progrès accomplis**: Une fois par mois, évaluez l'impact de vos pratiques sur votre humeur, votre résilience et vos interactions. Ajustez vos objectifs ou vos habitudes si nécessaire pour continuer à progresser.

Ces pratiques, ainsi que l'auto-évaluation, sont conçues pour vous aider à rester en contact avec votre parcours et à approfondir votre engagement envers la positivité. Au fil du temps, vous constaterez que ces petites actions cohérentes créent un changement durable, vous aidant à vivre chaque jour avec un sentiment d'utilité, de gratitude et de joie.

•À Propos de l'Auteur

J'ai obtenu un diplôme d'ingénieur et j'ai commencé ma carrière chez le premier fabricant mondial de bandes magnétiques, où je me suis spécialisé dans le développement, la conception et l'optimisation de l'équipement pour la production de bandes magnétiques. Mon rôle allait de la mise en place de la ligne de production à la mise à niveau de l'équipement, et j'étais fier de faire progresser l'innovation dans l'industrie. Cependant, lorsque la demande de bandes magnétiques a diminué, j'ai choisi d'explorer de nouvelles directions qui correspondaient à mes passions et à mes objectifs personnels.

Cette décision m'a conduit dans le monde du développement personnel et de l'entrepreneuriat, où j'ai lancé et perfectionné une entreprise en ligne prospère. Ce parcours m'a permis de découvrir l'impact puissant de l'état d'esprit sur la réussite personnelle et professionnelle. Combinant mon expertise technique avec mon engagement pour la croissance, j'ai commencé à écrire des livres sur le développement personnel et la stratégie d'entreprise pour partager les connaissances que j'ai acquises tout au long de mon parcours.

Ma mission est d'aider les autres à libérer leur potentiel et à mener une vie pleine d'objectifs et d'épanouissement. J'espère qu'à travers mon travail, je peux fournir aux lecteurs des outils et des perspectives qui leur permettront de grandir, de surmonter les défis et de réaliser leurs rêves.

•Invitation aux Retours

Je vous remercie d'avoir lu ce livre. J'espère qu'il vous a apporté des informations précieuses et de l'inspiration dans votre cheminement vers le développement personnel et professionnel. Vos réflexions et vos commentaires sont extrêmement importants pour moi, car ils m'aident à continuer à créer des livres qui trouvent un véritable écho auprès des lecteurs. Si vous avez trouvé ce livre utile, n'hésitez pas à laisser un commentaire sur la plateforme où vous l'avez acheté. Vos commentaires soutiennent non seulement mon travail, mais aident également d'autres lecteurs à découvrir des ressources qui pourraient leur être utiles.

Si vous avez d'autres commentaires ou questions, n'hésitez pas à me contacter. Je suis toujours ravie d'avoir des nouvelles de mes lecteurs et j'apprécie toutes les suggestions de sujets ou de domaines d'intérêt pour l'avenir. Je vous remercie encore une fois de m'avoir permis de faire partie de votre voyage et je me réjouis d'avoir l'occasion d'entrer en contact avec vous.

Rédigé en novembre 2024
Auteur : Lucas Martin

J'espère que ce livre vous servira de guide dans votre voyage.

Milton Keynes UK
Ingram Content Group UK Ltd.
UKHW031213111124
451035UK00007B/753